像頂尖運動員一樣思考

鍛鍊五大心理工具，克服各種挑戰，發揮最佳表現

The Genius of Athletes

What World-Class Competitors Know That Can Change Your Life

諾爾·布里克
史考特·道格拉斯
——著

陳冠吟——譯

獻給P. F. Smyth，

一位鼓舞人心的楷模，

他對運動心理學的熱誠與無私貢獻，

為本書奠定了基礎。

目次

PART 1 心理技巧工具箱

PART 2

如何像頂尖運動員一樣達成目標

推薦序

巔峰之路，始於心之所向

洪聰敏

讀完這本書讓我想起年輕時成為桌球國手的時光，在無數個訓練的日子裡，拚盡全力想成為最強的選手，除了不斷訓練球技，心志的磨練更是艱難的部分，誰願意烈日下或寒風中鍛鍊體能？誰又願意幾乎沒有假日地不斷訓練和比賽呢？雖然當年並沒有這樣的工具書，教我如何設定目標、堅定意志，很多時候都是靠自己的摸索和咬緊牙關撐到最後，但與本書內容對照起來，有些做法與當年卻是不謀而合，我想這樣的經歷都是頂尖（或追求頂尖）運動員的日常。

在我結束運動員生涯後，投入了運動心生理學的相關研究，而鑽研學術也同樣需要有明確的目標，以及堅韌的心志，因此在運動員時期習得的心理技能，對我的學術之路有相當的助益。因此個人認為，競技運動是人類在身體機能、動作技術與心理操作潛能之極致發揮之處，這種潛力最大化之know how，對於全人類，不論士農工商都有諸多可借鏡之處。

書中以許多頂尖的運動員為範例，讓讀者從他們的故事中了解這些達到顛峰的運動員不是只靠天才，而是一步一腳印地「訂定與實現目標」、「調節負面情緒」、「保持專注」、「自我激勵維持動機」以及「增強自信」。而這五大心理技能不只對運動員適用，對於想突破現狀、突破自我的人都適用。當我們有看似遙不可及的目標時，例如想創業、想得到好成績，甚至是想學會拉小提琴，我們該如何鼓起勇氣踏出第一步，並規劃到達目標的路線圖，而在途中感到怠惰或遇到挫敗時，又該如何與自己對話、激勵自己，適時增強堅持的動力，向目標邁進，這些在書中都能找到詳細的方法，成為你闖關的金鑰！

記得二〇二〇東京奧運柔道銀牌選手楊勇緯在訪談中曾說：「所謂人生，在於你在自己選擇的路上，是否擁有強大的內心，來支持你想要的生活。」羽球雙打金牌選手王齊麟則說：「想到與得到之間隔著一個『做到』的距離，只有行動才能讓夢想不會只是空想，堅定地走向下一個階段的自己！」要達成夢想就是堅定信念、身體力行，這話說來輕鬆，卻是頂尖運動員用盡力量的體悟。希望正在讀這本書的你能好好利用這本書，成就自己的夢想。

洪聰敏
國立台灣師範大學體育與運動科學系研究講座教授
美國國家人體運動學院國際終身院士
台灣國際運動心智潛能發展學會理事長
博客來科普暢銷書《原來大腦可以這樣練》作者

頂尖運動員成功的祕密，可幫助我們實現理想

張育愷

二〇二〇東京奧運，國內頂尖運動員為臺灣拿下二金、四銀、六銅的亮眼成績，這成功奪牌源自運動員在專項技能、體能、戰術，以及心理各方面的淬煉，然這積累背後的艱辛刻苦，頂尖運動員是如何堅持的呢？在比賽當下觀眾的注目、對於表現的高度自我要求，以及所肩負的國人期待，頂尖運動員是如何承受，並達成最佳表現的呢？這本書，將帶給您答案！

事實上，頂尖運動員的致勝心態，就是邁向成功的關鍵因素之一，而競技運動心理學

（sport psychology）即是指導的源頭。必須注意的是，不僅對於運動員，一般大眾亦可將此應用於日常生活中，而本書帶給大家五種心理工具：「實現目標」、「調節情緒」、「保持專注」、「自我激勵」，以及「增加自信」，即能協助我們達成目標。

本書由競技運動心理學角度出發，提供不同層面和角度的訓練工具，揭開頂尖運動員成功的祕密，採用適切的方法指引方向，相信透過正確的使用，可幫助我們趨近內心遠大的理想！

張育愷
國立台灣師範大學體育與運動科學系研究講座教授
台灣運動心理學會理事長

前言

頭腦單純的運動員該退休了。

我們不是指某位特定體育選手，而是刻板印象中頭腦簡單、四肢發達的運動健將，腦袋空空地參加各種訓練與比賽。事實上，**頂尖的運動員不斷在思考**。你將在本書中讀到，他們所想的內容會依不同狀況而定。而他們思考的目標就是「**我要如何運用自己的體能與心力，才能發揮出最大的潛能？**」能回答這問題的人，就是同儕間最傑出的頂尖好手。

當然，如果你有運動習慣，你在運動的時候也會想很多。但這些想法都有助於你成功嗎？許多研究指出，**頂尖運動員都會運用一些重要的心理技巧**，本書作者之一諾爾也做過這類研究。他們的思考模式，比我們常認為運動員就是要「撐下去」的陳腔濫調還要複雜許多。頂尖運動員有獨特的方法來評估情況、自我對話，甚至思考時間。他們擁有一個技巧工具箱，並且知道在訓練與比賽時該使用哪些技巧，來應對所遇到的挑戰。

好消息是，這些心理技巧是能夠學習的。我們將發現，即使是世界頂尖運動員也花了好幾年的時間練習這些技巧，並向其他運動員、教練及運動心理學家學習，才能掌握箇中訣竅。本書將幫助你縮短學習曲線。你會發現像運動員般的思考模式，將為你帶來很大的改變。我們會向你展示哪些工具是最有效的，以及在遇到不同類型的挑戰時——像是你正著手做一件困難的事、想要保持動力，或面臨想放棄的時候等，該如何運用這些工具。這些工具就是當前和長期事業成功的關鍵。

生活中的應用

一旦你學會了這些心理技巧，就能將它們運用在日常生活中。你將在本書中看到運動員是如何將所擁有的工具運用到非運動的層面上，像是在大型金融公司中帶領團隊、對抗癌症、在學業上取得成功、幫助族人度過公衛危機、發展新創事業等。

運動讓我們學到許多相當重要的技巧，能應用於日常生活中。運動能教我們如何制定目標、達成目標、解決問題、面對壓力、管理情緒、犯錯後重新專注、建立自信。[1]透過運動，我們更能了解努力、堅持，以及團隊精神的價值。我們學到尊重他人的重要，以及對自己的行為負責。研究顯示，就算是沒有教練或父母特別在旁叮嚀該如何做，這些透過運動學到的個人和社會技能，也能夠轉而在生活中的其他層面幫助我們。[2]

而且，某些需要展現出特定特質才能成功的運動，像是完成馬拉松需要高度承諾、緊張刺激的籃球賽中需要情緒控制，或者巴西柔術賽當中需要的毅力與持續專注，都能讓我們學到一些重要的生活技能。[3]有越來越多人了解從運動中學到的技巧也能運用在其他地方，許多課程應運而生，特別是著重在利用運動以及透過運動學到的心理技巧，幫助各種年齡的人促進生活技能的發展。

舉例來說，美國非營利組織「奔跑的女孩」（Girls on the Run），就是藉由跑步與其他運動作為平台，教導三到八年級的女孩生活技能，推廣健康的生活習慣。[4]其中一個特別為三到五年級女孩設計的同名課程「奔跑的女孩」，能夠幫這些女孩建立目標、管理情緒、表達自我，並為自己發聲。參加完為期十週的課程後，這些女孩在重要的生活技能上都大幅成長，情緒管理的能力更進步，像是能夠在感到挫折或生氣的時候讓自己和緩下來、解決衝突與意見不合、為他人挺身而出、思考重大的決策。[5]而這些好處不只是短期的現象，研究人員在課程結束三個月進行追蹤，雖然受試者在課程結束後並沒有上更多生活技能課程，但他們生活技能的進步是持續的。[6]

澳洲的「走在前頭」（Ahead of the Game），是一個以運動社團為基礎，為十二到十七歲男孩創立的心理健康課程。[7]有兩項課程是特別為了這個年齡層的男孩所設計。第一個，「幫助一位朋友」（Help out a Mate）是一個心理健康議題的團體工作坊，教導學生辨認憂鬱症與焦慮症的徵兆、鼓勵尋求幫助，以及了解自助行為。第二個，「通往成功的運動之路」（Your Path to Success in Sport），是一系列簡短線上課程，教導學生透過頂尖運動員使用的心理技巧，也就是本書中所提到的技巧，來克服困難、建立韌性。[8]這些心理技巧包括解決問題的能力、專注在可控制的行為，以及管理思考與情緒。參與者學完這些技巧後獲益良多，不只是在運動方面，更重要的是在日常生活中，像是對心理健康徵兆更有警覺、幸福感增加以及心理韌性提高。[9]

還有一些課程著重於教導頂尖運動員的心理技巧，讓普羅大眾能將其應用在運動之外的領域。這些課程都證實了，**就算沒有運動背景的人學習這些技巧也能改善生活**。其中一項是由英國伯明罕大學的研究團隊帶領的十週計畫，名為「我的人生優勢訓練」（My Strengths Training for Life, MST4Life）。[10]

MST4Life與英國西米德蘭一個青少無家者慈善組織合作，來上課的人是失業、目前沒就學或沒有參加職業訓練的年輕人。這個計畫是用來幫助年輕無家者發展生活技能，進而建立韌性、培養自我價值與健全的心靈，最後重新與社會產生連結。計畫中的內容包括附錄一中的優勢報告，用來增加個人心理強度的認知，每週會有加強課程幫助他們發展心理技巧，像是設定目標、如何克服挑戰、管理情緒、應對壓力、建立韌性。[11]計畫的結果顯示，當年輕人認知到自己性格的優勢，就能夠增加韌性、自我價值與幸福感。[12]也就是說，**更加了解自己的優勢和劣勢，並好好運用本書中介紹的工具，這將對你生活中的各領域帶來重要的影響。**就如同MST4Life的結果顯示，你不需要是成功的運動員，也能得到這些好處。**你只要知道如何像運動員一樣思考。**

工具及其最佳使用方法

我們把這些心理技巧視為一組工具箱。使用任何工具箱時有兩個關鍵要素：知道如何使用每一項工具，以及了解每項工具的使用時機。

我們以這樣的概念作為本書架構。在第一部分，我們會討論五項運動員讓自己發揮出最大潛能的關鍵心理技巧。這些工具能幫他們設定並達成目標、調節情緒、保持專注、改變自我對話，以及建立自信（這些事情看似簡單，但我們將看到，成功的運動員使用這些工具的方式並不平凡）。在第二部分，我們將介紹在不同階段常會面臨到的挑戰，並展示該用哪些工具來突破這些挑戰。

再次強調，第二部分呈現的場景不僅適用於運動，也適用於日常生活。本書兩位作者諾爾與史考特在專業領域上均有所成就——諾爾是博士，他的學術研究被廣泛引用，史考特是紐約時報暢銷書作者——這些成就在很大程度源自於我們作為終生運動員所獲得的心理技巧。

在你閱讀這些工具及如何使用這些工具時，你或許會將自己應對挑戰的方式與頂尖運動員做比較，這種反思很有幫助。如果你想要更深入地自我探索，附錄一有一個有趣的練習，是基於前面提到的優勢分析工具所設計。它將幫助你更加了解自己的心理特質，辨認出你的優勢為何，以及有哪些地方是你能透過學習和運用不同策略來改善的。在讀這本書的時候，歡迎隨時填寫你的優勢報告。

我們很開心能與你分享像運動員一樣思考所帶來的好處。所以，我們就開始吧！

PART 1

心理技巧工具箱

Chapter

01 成功的起點

目標設定與達成的工具

世界知名生物學家貝恩德・海因里希（Bernd Heinrich）所做的研究都非常有趣，像是大黃蜂如何分享食物、不同種類的烏鴉如何溝通。但我們認為他最重要的貢獻，是他提出一個無法證明的理論。

克里斯多福・麥杜格（Christopher McDougall）認為長跑在人類演化中扮演關鍵角色，他所著的暢銷書《天生就會跑》（*Born to Run*）讓此觀念為人所知。但在更早之前，海因里希就曾出過一本名為《我們為何而跑》（*Why We Run*，暫譯）的書。這本書最初書名為《與羚羊賽跑》（*Racing the Antelope*，暫譯），由此能一探海因里希的中心思想：人類自古以來不斷狩獵、追逐獵物，一直到獵物倒下為止，這個行為對我們的思想影響深遠。

海因里希寫道：「我們的心理已演化到會去追求長期目標，因為幾百萬年以來，我們必須這樣做才能吃到東西。」[1]

這樣看來，想成為完整的人，就要努力挑戰長期目標，海因里希稱此為「替代性追逐」（substitute chases）。對他來說，這意味著在學術研究和跑步方面取得成就，包括保持一百公里與一百英里的美國紀錄。你的替代性追逐可能是在任何運動項目上努力，或者達成遠大的人生目標，像是獲得學位、推出新產品，或創造藝術作品。

通常，設定目標並不會有什麼問題，做白日夢簡單又好玩，難的是要持續努力去達成目標。我們將看到，運動員如何在一開始就設定出正確的目標，並專注於達成目標。在這過程中，他們用特殊的思考方式為目標的達成奠定了基礎。在這一章中，我們將會看看替代性追逐的兩個階段要如何成功，也就是目標設定和目標達成。

目標有不同類型

我們先從目標設定的基礎開始。當我們思考個人目標以及達成目標所需的所有行動時，可將它們分成三個互相關聯的類型：結果目標、表現目標以及過程目標。

結果目標的重點在於我們的野心，以及行動帶來的最終結果。可能是贏得比賽、從大學畢業，或者減重。

表現目標幫我們達成這些結果。贏得比賽或從大學畢業需要某種程度的表現，像是跑出個人最佳時間，或者持續獲得不錯的成績。同樣的，我們在減重時會設定一個數字。表現目標讓我們知道要如何行動，並提供一個可衡量的標準，我們可據此衡量自己的進步。這些目標必須是實際的與可實現的。

過程目標是我們為實現表現目標要去做的事，而這些行動最終會讓我們實現結果目標。過程目標就好像在堆積木：我們做的準備、如何思考、對自己說的話，以及我們為達到一定的表現而採取的實際行動。

到目前為止，這聽起來可能很熟悉，畢竟我們大多數人都曾經設定過這樣的目標。但重要的一點是：當我們設定了目標，並開始努力達成的時候，大多數人會專注於結果與表現目標。**我們想到最終結果（結果目標），卻忽略了我們應該採取的步驟（過程目標）**。這就好像開始一趟旅程，但沒有規劃行程。正因為這樣，許多人訂定了目標後，在開始的地方就結束了。頂尖運動員不是這樣做事的。

雖然結果目標能激勵人心，卻不如過程目標這麼好掌控。因此，當我們在執行任務時，如果一直想著結果目標，可能會導致焦慮與分心。[2] 想像高爾夫球選手不斷告訴自己「我必須推進這一桿才會贏」，或者學生在考試時一直在想通過或沒通過考試的影響，對他們來說，專注於最終結果所帶來的緊張感，可能會降低他們取得成功的機會。

相較之下，**頂尖運動員專注的是過程，他們會逐步採取行動以實現遠大目標**。運用這種方法，高爾夫球選手與學生可使用一些心理策略，幫助他們在當下保持放鬆與專注。這樣就能提高他們發揮最佳表現、達成想要的結果的機會。

這樣的心理過程就是本書的重點，包括在壓力下保持冷靜與專注、建立自信、當內心有個聲音說「我辦不到」時能保持正向的工具。諾爾與史考特在整個職業生涯中，對成功的運動員在想什麼非常有興趣，也對運動員的思考感到好奇，我們認為這能夠幫助到其他領域的人，因此寫出這本書。

為了回答我們的問題，我們替自己設定了學習目標。[3] 我們把目標設定在學習運動員為實現非凡表現與結果所採取的逐步過程，我們鼓勵你也這樣做，和我們踏上這個向運動員學習的旅程。我們也會探討這些策略將如何應用在不同生活領域中，包括重大的人生目標，或是我們都渴望但往往未能實現的日常挑戰，像是更常運動、吃更健康的食物、在工作上保持自信。不管你的目標是什麼或目標有多遠大，旅程都是從踏出第一步開始的。

▶切成小塊：邁出你的第一步

許多運動員會將結果、表現、過程與學習目標混合在一起，但他們也會把更大、更長期的目標切成更好管理、更短期的區塊，或稱為子目標。我們以贏得三項大滿貫的高爾夫球選手羅伊・麥克羅伊（Rory McIlroy）為例：

> 訂目標的方式有很多種。你可以設定一個以結果為導向的長期目標，或者你可以設定多個小的短期目標，來幫助你達成長期目標。所以，我不去想「我要贏得名人賽」，我會說「有什麼能幫助我贏得名人賽，以及我應該要如何改進才能進入名人賽？」[4]

把大的、難以企及的目標分段，這就是「切成小塊」（chunking）的技巧。跟麥克羅伊設定短期目標的策略很像，我們在分段的時候，會設定一些子目標，將這些目標連在一起，就能達成長期的目標。

即使對經驗老道的運動員來說，專注在較小的步驟上，也有助於使困難重重的任務變得更好處理。我們很喜歡諾爾研究過的一位奧運馬拉松選手所採取的方法，該研究探討了頂尖跑者在比賽時的想法：

你不能站在馬拉松的起跑線上想著「我今天要跑二六．二英里」，你會發瘋的！我會將它切成小塊，像是五英里一段，想著「當我到達十英里時，感覺怎樣？」特別是在跑半馬（一三．一英里）的時候，我在跑到八英里的時候，會告訴自己「我快跑到十英里了。」[5]

我們可以向麥克羅伊與這名奧運馬拉松選手學到，與專注在大的、長期目標相比，**將短期與長期目標結合在一起，能帶來更好的表現**。[6]研究支持這種做法。設定並達成短期的子目標能夠增強自信，讓我們能長期堅持下去，因為我們知道自己正取得良好的進展；如果我們只設定很遠、長期的目標，通常無法得到這種有用的回饋。[7]

不過，也要小心一點。有時候，當我們達成一個子目標，可能會變得自滿而未能實現長期目標。而解決的辦法，就是要定期提醒自己，**短期目標只是我們渴望的更遠大目標的一部分**。這也就是為什麼結果目標仍然是目標設定組合中很重要的一部分。

但就另一方面來看，在短期目標失敗了可能會讓我們沮喪，認為自己無法達成更大的目標。在這樣的情況下，我們可以專注於較小的部分，有彈性地重新調整目標，設定新的表現、過程或學習目標，幫助自己回到正軌。[8]

不要只是想，還要寫下來

雖然大部分的人都會設定目標，但許多人只是將這些目標放在心裡。我們會去想，但不會把它們寫下來。但正如運動員所學到的，**寫下我們的目標，可以成為一種強有力的激勵工具**。

我們以紐西蘭橄欖球員李奇・麥克考（Richie McCaw）為例。麥克考於一九八〇、九〇年代在北奧塔哥長大，心中的願望跟許多同齡的小孩一樣。他十七歲就是一名出色的橄欖球員，夢想加入黑衫軍（All Blacks），也就是紐西蘭國家橄欖球隊，而通往黑衫軍之路並不容易。紐西蘭的橄欖球員超過十五萬名，大概是國家人口的三%。而在其他橄欖球國家，像是南非、愛爾蘭、英國、澳洲，球員僅占人口的一%。[9]

麥克考跟家人討論他的夢想時，他的叔叔麥克雷請他寫下他必須做哪些步驟，才能實現加入黑衫軍的長期夢想。在一九九八年的某天下午，麥克考跟麥克雷坐在餐廳裡，在餐巾紙上寫下一系列職涯的里程碑[10]，包括在一九九九年底前要打進紐西蘭十九歲以下的國家隊，以及在二〇〇一年要進到二十一歲以下的國家隊。他也把目標設定在二〇〇三年前加入坎特伯里十字軍球隊，參加超級橄欖球聯賽。如果他達成這些里程碑，就能在二〇〇四年成為黑衫軍的一員。但為什麼要停在這裡呢？麥克雷鼓勵姪子要把目標設定得更遠大。他鼓勵姪子應該不「只是」成為黑衫軍，而是成為出色的黑衫軍，成為能夠代表國家的偉大球員之一。麥克考不好意思照著叔叔建議寫下「偉大黑衫軍」（Great All Black），他在餐巾紙底部寫下最終夢想的縮寫：G.A.B.。

麥克考開始了長達一百四十八場比賽的國際職業生涯，他在對上愛爾蘭的比賽中首次以黑衫軍的身分亮相，那是在二〇〇一年。在他二〇一五年退休前，他兩次帶領紐西蘭贏得世界盃橄欖球賽，也三次受封為世界最佳橄欖球員。他也是取得最多次勝場與出賽最多次的隊長，他被公認為是史上最偉大的黑衫軍。[11]

他的經驗正凸顯了我們常忽略、但許多成功的運動員都遵循的設定目標的原則：**把目標寫下來**。[12]把短期與長期目標寫下來，能為你提供焦點與方向，特別是當事情發展不如你所預期的時候。正如我們將在第二章所看到的，麥克考和他黑衫軍隊友的進步，其實過程並不是線性的，不像這個簡短的版本那麼順利。

我能做到多好呢？

麥克考的生涯目標與專家建議的目標設定很一致，也就是目標要明確、雖有挑戰性但實際、可測量，以及有時間限制。[13]舉例來說，「在一九九九年底前要打進紐西蘭十九歲以下的國家隊」，這樣的目標很符合這個天才少年的實力。這也幫助麥克考的方向更明確，他知道「我接下來應該怎麼做」才能符合目標的水準。

最讓人困惑的目標，可能是最終的「偉大黑衫軍」這個夢想。畢竟，你要怎麼衡量「偉大」呢？你要怎麼知道自己達成這個目標了呢？《追逐偉大》（*Chasing Great*）是二〇一六年麥克考生涯與職業紀錄片的名稱，對此你可能會想到無止盡的比賽、對夢想的不懈追求，而夢想總是遙不可及。

但也許這就是重點。努力追逐一個超出我們當前能力範圍的固定目標，可能讓人覺得不知所措。對一名十七歲少年來說，思考定義不清的「偉大黑衫軍」並找到實現夢想的路徑，壓力可能會比像是「成為史上贏得最多比賽的球員」這樣的特定目標還要小。最終的目的可能是一樣的，但是在過程中的感受有所不同。在這樣的情況下，**當面對一個遠大的固定目標讓你覺得很有壓力時，設定有彈性的開放目標（open goals）會很有幫助**，這類目標較不具體，也沒有明確的終點。

開放目標的研究尚處於起步階段，但開放目標能影響我們的感受與表現，潛力無窮。在最早研究開放目標的某項研究中，研究人員要求七十八名健康的成人在籃球場周圍完成三次六分鐘的步行。[14]在第一次步行後記錄每個人的距離，以此為基準，受試者被隨機分為四組，分別要達到特定目標（要求在第二次多走一六・六七%，第三次多走八・三三%）、開放目標（看看他們在第二次和第三次的六分鐘內能走多遠）、做到最好的目標（要求受試者在第二次與第三次中做到最好），或者完全沒目標（用正常速度走路）。

不意外的是，三個有目標的組別在第二次與第三次都比沒目標的那組走得更遠，但是這三組人所走的總長度並沒有什麼區別。不過，就每一組的感受而言，存在明顯的差異。被給予固定、特定目標的這一組，在走路時感受到達成目標的壓力比其他組還要大。相較之下，被給予開放目標的組別跟其他組相比，在走路時感受到較高的興趣。這對於想要保持積極運動的人來說，是很重要的結果，因為對自己在做的事感興趣的人，會比覺得他們「應該要」做什麼的人做得更多。

一項於二〇二〇年執行的後續研究發現，沒有定期運動的受試者能在六分鐘內走出更長的距離，而在開放目標下走起來會比在特定目標下更享受。[15]相較之下，有在運動的人，也就是每天固定走路的受試者，在有特定目標時能走出更好的成績。

整體而言，這些研究指出，特定的目標會讓我們感到有壓力去達到一個固定的標準。這不一定是壞事，這種壓力能激勵有經驗的人達到更好的表現。

但對經驗比較不足的人來說，開放目標能減少壓力，增加活動的樂趣，並提升表現。特別是當我們想達成一項很有挑戰、可能在我們能力之外的遠大目標時，這一點更明顯。在這樣的情況下，專注於設定開放目標，並看看它會把我們帶到哪裡，可能會是更好的策略。

我們在第三章將會探討，研究人員發現特定目標與開放目標都能幫助運動員進入少見的巔峰表現狀態。哪種目標對運動員來說是最適合的，我們又能從中學到什麼，取決於我們所處的環境。

注意落差

雖然這些目標設定的策略很重要，像是切成小塊、寫下目標、知道該設定哪一種目標，但這些都只是達成目標的起頭。我們能設定好的目標，但不代表一定能達成。我們可能還沒開始，或在抵達終點的路途上半途而廢，這都是常有的事。[16]我們沒有注意到設定目標與堅持下去之間的落差。在本章的後半部分，我們將探討更多以證據為基礎的策略，來看看成功的運動員是怎麼起步的，並如何保持正軌以實現目標。

如果你能保持鎮定

第一種實現目標的技巧非常簡單，但相當有效。**我們經常無法實現目標的一個原因是，我們在某些情況下做出錯誤的選擇**。例如雖然我們的目標是通過考試，但一直拖著不去進行學習計畫；或者雖然我們的目標是吃得更健康和減重，卻總是屈服於甜食的誘惑。基於這個問題，德國心理學教授彼得・戈爾維策（Peter Gollwitzer）開發出一種基本的工具，在我們面對挑戰的時候，能夠做出新的回應。他稱為「**若則計畫**」（if-then planing），其公式是：「**若出現情況X，則我會去做Y**」。[17]

若則計畫的關鍵在於，任何情況都可以與目標一致的反應連結起來。所以，與其只是表示「我要讀這本書」或者「我想吃得更健康」，若則計畫會說我要在哪裡、何時、如何行動。這些情況（也就是若的部分）可能是機會，像是有安靜的片刻能夠讀書和反思；也可能是阻礙，像是受到垃圾食物誘惑。

堪薩斯城酋長隊四分衛派翠克・馬霍姆斯（Patrick Mahomes）是一個很好的例子，告訴我們如何在充滿挑戰的情況下思考和行動。酋長隊在二〇二〇年以三一比二〇的分數贏得第五十四屆超級盃，他們贏得球賽的樣子讓人印象深刻。酋長隊在第三節還落後舊金山四九人隊十分，在第四節的時候三度達陣。兩次達陣來自馬霍姆斯所傳的球，他自己承認，那一場比賽他沒有打得很好。

以下這段話出自馬霍姆斯在二〇一七年NFL選秀時交的自我推薦信，寫在第五十四屆超級盃的三年前，像預言般點出了他在那場比賽中發生的事。

> 橄欖球就是在燈光照耀下，在六萬名觀眾前衝鋒陷陣。不管在什麼情況下，都要讓隊友保持動力，並有決心讓球隊在第四節看似已經要吃敗仗的情況下扭轉

情勢。

想盡辦法打進紅區。有時候你的方法不管用，就得再有創意一點。我不是完美的人，而橄欖球也不是時時完美的，它並不總是如你所願。[18]

「不管在什麼情況下」，像是在第四節的時候落後，就是「若」的部分。讓隊友保持動力，帶著決心打球，就是「則」的部分。專注在有用的過程——如同馬霍姆斯計畫如果遇到那種情況他會怎麼做——能讓我們有更大的機會實現想要的結果。

我們可以從馬霍姆斯的例子中學習，將這樣的思考模式運用在日常生活中。我們可以去計畫要如何應對會阻礙我們實現目標的挫折或誘惑。舉例來說，若則計畫對改變飲食習慣很有幫助。容易被不健康零食誘惑的人可以制定一個應對策略，像是「若我一想到不健康的零食，則我會去做點別的事，以分散自己的注意力。」[19]

但也許這樣的情況太容易預測了，畢竟某些在追求目標過程中會有的阻礙，是可以預見的。像是在球賽的最後一節輸掉比賽，或是垃圾食物的誘惑。但在這一點上我們可以向運動員學習，成功的運動員經常在做的事情是，替比較不好預測的情況做出「若則」的判斷。他們通常會練習在遇到挑戰的情況下，該如何思考與行動。這樣的良好計畫不只能讓運動員保持專注、做出更好的決定，也能讓他們避免在比賽中遇到突發事件而驚慌失措。

美國泳將「飛魚」麥可・菲爾普斯（Michael Phelps）就使用了若則計畫。他是史上最成功的奧運選手，在職業生涯中獲得二十八面奧運獎牌，其中二十三面為金牌。每天晚上在準備比賽時，菲爾普斯會思考正面與負面的情況（也就是若），並在心中練習他要如何應對每一種情況（也就是則）。他的教練鮑伯・波曼（Bob Bowman）會在訓練與小型比賽時，替菲爾普斯創造一些挑戰，以訓練他對「則」的反應。

波曼在他所著的《金牌法則》（*The Golden Rules*）中提到[20]，有一次在澳洲的世界盃時，波曼故意把菲爾普斯的泳鏡踩破，而菲爾普斯一直到跳進泳池才發現泳鏡裂了，水突然滲了進去。

菲爾普斯沒有讓自己受這個情況影響。他開始透過數自己的划水次數，來應對這個狀況。這是波曼對菲爾普斯訓練時建立出的一種策略，這樣他就能知道他要划幾下才能游完一趟。故意把菲爾普斯的泳鏡踩破看似沒有意義，但波曼相信運動員應該對他們在重要比賽中所有「可能會遇到」的情境做好準備。換句話說，「若」像這種意外事件在比賽中發生，「則」要記得數划水次數，這有助於菲爾普斯專注在快速游泳的過程，並應對狀況。

這個情境後來在菲爾普斯生涯一場重要比賽中出現了，那是二〇〇八年奧運的兩百公尺蝶式決賽。在游到一半的時候，菲爾普斯的泳鏡突然冒出裂痕，水湧了進來，因此他沒辦法看到泳池底部的提示線，也看不到泳池另一側的牆，或者他的競爭對手游到哪裡了。他突然游在一片黑暗中。

菲爾普斯並沒有驚慌，而是保持鎮靜。就像在澳洲那場比賽，他在最後一趟開始計算他的划水次數，他知道游完一趟需要划水二十一次。他在中途加快了速度，在二十一次划水之後碰到牆面。結果呢？他得到另一面金牌，並且打破世界紀錄。

馬霍姆斯與菲爾普斯的故事告訴我們，**若則計畫在幫助我們克服具挑戰性的阻礙方面很有效**。它讓我們在出現問題時，依然能發揮出最佳表現，不僅在激烈比賽或日常活動中，像是準備考試、吃更健康的食物、持續運動，或開始一項工作專案。在這些情況下，我們都可以預想一些有效的處理方式，來應對潛在的危機。現在，你可以反思一些使你偏離目標的事件。把這些「若」寫下來，並規劃有建設性的回應，能夠確保你在實現抱負的道路中不會走偏。

以下表格提供了一個架構，在第一欄寫下「若」，在第二欄寫下適當的「則」，也就是你在遇到這些情況的時候會怎麼回應。我們列出了兩個例子，幫你起個頭。第一個是讓你的閱讀或學習計畫更有效率；第二個是提供幾個實用有效的方法，讓你在遇到零食的誘惑時能派上用場。

—若則計畫—

機會或阻礙（若）	有用的回應（則）
若我晚上有時間……	則我會關掉電視，看一點書
若我想吃不健康的零食……	則我會喝一些水／吃水果／去散步／刷牙

諾爾發現有一個情況，可讓若則計畫適用於運動以及非運動的情境，就是在對學生或運動員演講的時候。他有時候想要問這些觀眾假設性的問題，這些問題需要大家花一點時間思考再回應。如果是對學生族群，問題可能是跟演講主題有關的有趣議題。如果是對運動員，可能是詢問在他們比賽中遇到困難時的想法與感受。

通常諾爾問完問題後，會得到一片沉默。他以往會立刻用一些「聲音」來填補這個沉默，他會提一些看法，或者說自己的答案。但這些行為跟他原本的用意不一致，他原本希望學生能夠思考、希望運動員能夠明白在比賽中的想法與感受會影響到行為。前陣子，諾爾重新思考他的做法，他想到一個在這樣的情境下更適合的反應。他能做些什麼，來讓人有時間去回答他的問題，但又不會干擾到他們安靜思考呢？他想到了這個方法：「若」我問了問題之後，現場一片安靜，「則」我會在心裡慢慢數到十，然後再說話。

雖然房間內安靜得讓人有點不安，這個策略讓諾爾在當下能保持鎮定。他發現，通常在他數到四到六的時候，就會有人講話。他使用這個計畫，讓他能夠得到更有創意、更有洞見的回應，因為他讓每個人都有時間反思自己的經驗。

有很多證據顯示，若則計畫適用於各種場合。一篇在二〇〇六年的文獻回顧了九十四篇研究，發現使用若則計畫的人達成目標的機率，比沒有使用的人還要高。[21]這些研究涵蓋了我們在日常生活中渴望實現的各種目標，像是新年新希望、完成健檢、做好回收、完成大學的報告，或者發展職涯。

若則計畫能帶來成功的關鍵在於，當我們遇到挑戰時，不用再依賴當下的判斷。我們計畫好的反應會自動產生，使我們能更有效地做出回應。若則計畫與習慣不一樣，但它能幫助我們養成良好的習慣。

養成習慣

在這本書中，我們推廣像運動員一樣思考的好處。然而，在實現某些目標時，思考也有可能是一個絆腳石。或者更精確地說，**需要去思考，這可能會是個問題**。我們來解釋得更詳細一點。

當我們開始嘗試改變某項行為時，必須在每次行動時都有意識地提醒自己。例如想吃得更健康，意味著提醒自己要避開平常吃的零食，選擇更健康的替代食物。我們每天在做的許多行為都是習慣，不論好壞，習慣都是自動化的行為，不是因為刻意或計畫所致，而是被環境中的線索所觸發的。可能是在吃完早餐（觸發物）後刷牙（習慣）、一坐到車子裡（觸發物）就繫上安全帶（習慣），或者在看電視的時候（觸發物）吃零食（習慣）。

我們的習慣之所以會無意識地出現，是因為在多次反覆後，行為會被情境或事物所觸發。如果是好習慣，那很棒，像是上車後繫安全帶，因為你就不用在每一次需要繫安全帶時都提醒自己。

但如果是不想要的習慣，那可能就很難改掉。尤其是改變壞習慣一開始就需要有高度動機與自我控制。遺憾的是，當我們的動機與自我控制能力很低時，像是在辛苦工作一天後感到疲憊，我們就會被習慣所支配。這就解釋了為什麼改變舊習慣和養成新習慣會這麼難。

但這個問題也提供我們寶貴的線索，讓我們了解要如何在達成目標的路上保持不偏離。如果我們想要永久改變行為，一個好方法就是學習如何養成好習慣，來取代不想要的習慣。這是運動員擅長、也是我們可以向他們學習的部分，亦即**如何更仰賴良好的習慣，來幫助自己達成目標**。

就像菲爾普斯在二〇〇八年奧運蝶式決賽時，泳鏡突然進水，但他能沉著應對。菲爾普斯的教練波曼回憶他們的策略，就是替像這種「如果發生」（what-if）的時刻做好準備：

> 我們會實驗、去嘗試不同的東西，一直到找到有效的方法。最後，我們發現最好的方法是，專注在那些微小的成功時刻，再把它們建構成心理觸發器。我們把這些變成例行公事。在每一場比賽之前，我們會做一些事情，用意是讓菲爾普斯產生打造勝利的感覺。如果你問他，在每場比賽之前他在想什麼，他會說沒特

別想什麼，只是照著計畫走。但這麼說並不完全正確，應該說他已經被那些習慣帶著走。[22]

那我們要如何學習培養出好習慣呢？

要形成新的習慣，有四個步驟。[23]前面兩個步驟我們已討論過。**第一步是設定一個你想實現的目標。第二步是找出有哪些行動或步驟能幫助你實現目標。**然而，關於習慣的養成有個重點，就是養成相對簡單的習慣會比複雜的習慣容易得多。像是刷牙或繫安全帶的步驟不多，所以較快就能養成習慣。但比較複雜的行為，像是運動，則較具挑戰性，因為牽涉到的動作很多。要去散步或跑步，你必須先選擇要穿什麼、換好衣服、繫上鞋帶、決定要去的地方，然後離開家裡。一旦你開始執行這一連串行動，就很有可能會接著做下去，並進行到最後運動的步驟。

因此，養成習慣的關鍵，尤其是複雜的習慣，就是**專注在這一連串行動裡的第一個重要步驟**。[24]若則計畫可用來幫助你有個好的開始。例如「若」你想要在吃早餐前利用時間運動，「則」你可以在睡前就把運動服與鞋子準備好，好讓你一起床就能看到這些東西。這樣一來，起床、看到運動服，就成了你這一連串行動的觸發物。為了要避免分心，你還可以對會遇到的阻礙擬定應對計畫，像是「若我綁好鞋帶後不想運動，則我會先走到戶外，再做最後決定」。一旦你離開家，就很有可能會執行你的運動計畫。如果你是第一次開始運動，可以結合前面提到的開放目標，來看看你能做到什麼程度，這也會有幫助。

第三步與第四步息息相關，兩者對形成新習慣都極為重要。首先，你可能猜想得到，你**必須時常練習和重複新的行為**。但能讓這個新行為變成習慣的，也就是第四步，是**不斷在相同情境下回應同樣的觸發物**。這就是菲爾普斯為培養面對挑戰事件的良好習慣而在做的事。透過重複練習你的回應，心理上就創造了一個觸發物與行為之間的連結。研究已證實，只要看到觸發物，就足以讓人想起特定行為。[25]就像波曼所說的，習慣會主導我們。我們的行為經過練習與重複，就不會再依賴有意識的思考，而是被我們周遭的觸發物所驅動。

我們也可以採用類似方法來打破不想要的壞習慣。首先，習慣是由你身旁的觸發物所觸發的，這意味著打破就習慣的一個方法是，你必須辨認出觸發物，並從一開始就減少與它接觸。舉例來說，如果想吃更健康的食物，那你從一開始就不要買太多不健康的零食。而少買零食，意味著你在超市會避開放零食的那排走道（觸發物）。

但觸發物不是總是都能避開，在這樣的情況下，別的策略就能派上用場。當你遇到觸發物時，可以給自己簡單的指示，像是「不要那樣做」，可幫助你避開原本的習慣反應。[26]正如我們在若則計畫中學到的，用新習慣來取代舊習慣，能幫你應對那些觸發物。這樣一來，戒除壞習慣，就不再是停止舊的行為模式，而是在觸發物以及你要如何應對它之間建立新的關聯。

最後，提醒自己養成新習慣需要花時間也很重要。倫敦大學學院為了研究習慣養成的過程，要求九十六名學生選擇一項健康的行為，作為他們希望養成的每日習慣。[27]他們可以選擇在午餐時吃一顆水果或喝一瓶水、在晚餐前跑步十五分鐘，以及在早餐之後散步。在十二週之後，這些學生必須追蹤他們的日常行為，完成一項問卷，以了解他們覺得這項行為自動化或習慣的程度有多少。

研究證明，平均要花六十六天，才能讓這個健康的新習慣自動化，但受試者之間有許多個別差異。簡單的行為（如午餐時喝水）比複雜的行為（如運動）更快養成習慣。更深入分析數據之後發現，平均要花到十八到二百五十四天，才能讓新的行為自動化。換句話說，新習慣的養成可能要花上好幾週或好幾個月。不過，了解一些你可以運用的方法，是很有幫助的。

關於目標的最後提醒

達成夢想，不管是大是小，通常意味著要學習如何專注於過程，關注有助於我們實現表現目標或結果目標的一步步行動。計畫我們要如何行動，以及使用什麼樣的策略來養成習慣，是我們工具箱中的重要工具。

正如在馬霍姆斯與菲爾普斯的例子中所看到的，習慣不僅僅涉及我們的行為。我們也可以讓自己在面對具有挑戰的情況時，將所湧現的想法和情緒反應變成一種習慣。這些反應包括在計畫被打亂時保持處變不驚。在下一章，我們會探討遇到具挑戰性情境時的情緒反應，並討論像運動員一樣思考，如何幫助我們管理自己在最困難的情境下的感受與行為。

Chapter

02 情緒沒有好壞之分

情緒調節的工具

各國的男子橄欖球隊之中，很少有隊伍能與紐西蘭黑衫軍並駕齊驅。他們從一九〇三年的第一場比賽開始，就維持七七・三%的超高勝率，無人能敵，而排名在後的是勝率六五%的南非國家隊。[1]在二〇一五年，由第一章提到的G.A.B. 麥克考領軍的黑衫軍，成為史上第一支贏得三次世界盃橄欖球冠軍的國家隊（世界盃四年舉辦一次）。在二〇一三年，他們成為史上第一支也是唯一一支在當年度贏得所有比賽冠軍的國家隊。事實上，從二〇一一年世界盃開始到二〇一五年世界盃結束之間的四年裡（他們也贏了這兩場世界盃），他們在六十一場比賽中的勝率是驚人的九二%。

但他們並不是原本就如此順利。紐西蘭隊在贏得二〇一一年的世界盃之前，在世界盃中的表現平平。黑衫軍自從一九八七年拿下冠軍頭銜後，在接下來的幾屆賽事表現都不如預期。他們在一九九一、一九九九與二〇〇三年的賽事止步於四強賽，在一九九五年的賽事輸給了南非隊。

黑衫軍在二〇〇七年遇到低谷，四強賽以一八對二〇的比數輸給法國隊，那是他們在世界盃中的最差成績。跟別場世界盃比賽一樣，大家原本覺得黑衫軍的贏面很大。在那場賽事之前，他們在三十九場比賽中贏了三十四場。包括在八強賽的四個月前，於紐西蘭威靈頓以六一比一〇贏法國隊，在十一個月之前，以四七比三於法國里昂贏法國隊，也是法國隊身為地主最慘的一次挫敗。所以紐西蘭隊自然對八強賽很有信心，《紐西蘭先驅報》（*The New Zealand Herald*）賽前在頭條寫著「法國隊不是黑衫軍的對手」，認為「黑衫軍就算穿麻布袋比賽，也能痛宰法國隊」。[2]

在賽後檢討中，總教練格拉罕・亨利（Graham Henry）和助理們認識到導致他們失敗的兩項關鍵原因：在壓力之下無法做好決策，以及無法在重大情況下管理情緒。在他們對戰法國的最後十一分鐘，足以支持這個結論。如果你是黑衫軍的支持者，你一定覺得那十一分鐘慘不忍睹。黑衫軍在第六十九分鐘開始落後法國，隨後因為恐慌而犯了一連串錯誤。

黑衫軍落敗後，球員與教練因決策與戰術執行的錯誤而備受批評，導致在最後幾分鐘失去六次控球權。對世界排名第一的球隊來說，這是無法想像的。簡言之，當比賽遇進行到最關鍵的時刻，黑衫軍失常了。

在運動世界中，如果一名出色的選手在壓力下表現遠不如預期，就稱為失常（choking）。[3]你應該能舉出在其他運動賽事中，最被看好的隊伍在關鍵時刻表現不佳的例子。這很常見，也不只在運動世界中發生。在考試中表現不佳，或在報告時支支吾吾，都可能是壓力引起的失常。我們大多數人都經歷過壓力帶來的結果，了解壓力會影響我們的表現，但很少人知道我們對此可以怎麼做。我們要如何才能像成功的運動員一樣，在壓力下仍能有出色表現呢？

在這一章，我們將回答這些問題，並探討運動員用來應對此類狀況的關鍵策略。想知道我們的表現會如何受到壓力的影響，首先要去了解我們在遇到壓力時會發生什麼事。

壓力的跡象

在我們感覺到威脅或危險的情況下，身體會立刻產生壓力反應。這源自腦中的杏仁核，涉及一連串迅速的活動，導致這些生理反應：心率加快、呼吸急促、肌肉緊繃和手掌出汗。如果你有過緊張的經驗，就知道這些反應是什麼感覺。

這種對壓力的本能反應稱為「戰鬥或逃跑」（fight-or-flight），此與生俱來的壓力反應經過幾百萬年的演化，在我們的安全遭受威脅的情況下會被激發出來，讓我們能保護自己。它會因焦慮和恐懼等情緒一觸即發。想像若有一隻生氣的狗追著你跑，你的反應會有多快。在這樣的情況下，生理上的反應會增強你的體力（讓你對抗潛在的威脅），並提高你的速度和耐力（讓你抵達安全之處）。

在社會中，我們經常會遇到一些具威脅或危險的情況。我們的祖先會遇到的是飢腸轆轆的野獸那類的身體威脅，**現代人遇到的威脅主要是心理上的**。在重要的運動賽事、學科考試或公開演講中，我們可能會感到不自在，擔心會讓自己或他人失望，或害怕別人會對我們做出負面評價。這些專注於結果的想法，會讓我們在表現的時候感到壓力。這就是我們自然的壓力反應開始出現問題的地方。

感知到心理上的威脅，以及認為自己沒有能用來應對的工具，不僅會引發戰鬥或逃跑的壓力反應，還會增加自己可能表現不佳的焦慮。在這樣的情況下，如果我們只關注眼前的過程，就幾乎一定會表現不佳。我們可能會忘記比賽的戰術、考試前複習過的內容，或我們想對觀眾說什麼。在某些情況下，我們也會經歷壓力反應的第三項元素：動彈不得。與戰鬥或逃跑不一樣，我們動彈不得而停留在原地，彷彿跟整個世界脫節，無法果斷採取行動，就像被車燈照到的鹿一樣。

這些例子說明了，造成壓力的情境本身並不是問題。畢竟有許多運動員能在重要賽事中表現出色、有學生能在考試中拿到好成績、歷史上也有許多精采的公開演說。因此**問題通常出在我們的想法與情緒上**。

依據這樣的前提，我們就能了解要如何在壓力中表現得更好。如果我們的想法與情緒反應是問題所在，那麼學習控制想法、管理情緒，向成功的運動員學習如何在壓力下思考，就是解決的方法。這正是黑衫軍在二〇〇七年世界盃橄欖球賽之後得到的結論。

情緒的紅藍系統

黑衫軍試圖了解他們為什麼在二〇〇七年的比賽輸給了法國，教練團隊與精神病學專家切利・伊凡斯（Ceri Evans）開發了一個簡單的比喻，來描述他們在賽事中的心理狀態，他們稱此為「紅色」。[4]

伊凡斯將我們大腦的一些功能視為「紅色」系統。這包括許多大腦不需要意識就能處理的事，亦即一些生理上的反應，像是心跳、呼吸、流汗。紅色系統就像是我們的自動駕駛，負責維持讓我們生存的身體機能。

大多數的時候，這運作得很順利。但紅色系統時刻保持警戒，如果遇到對安全造成威脅的任何事情，就會迅速做出反應。這些瞬間的反應包括了我們的壓力反應。一旦偵測到威脅，**紅色系統的首要任務就是讓我們能迅速採取行動**。

到目前為止聽起來都沒問題，做好準備迅速採取行動是一件好事。但這種戰鬥或逃跑的反應，是從身體遭受威脅的世界演化而來的，而我們現在面臨到的許多威脅是心理上的。當我們經歷恐懼或焦慮等強烈情緒時，本能的壓力反應就可能影響到我們的表現。當我們經歷強烈的壓力反應時，就會本能地採取行動，頭腦變得不清楚、邏輯思考能力降低。取而代之的是，我們會專注在我們感知到的威脅來源上。運動員會因比賽時間的流逝、觀眾的反應，以及輸掉比賽的後果而分心。他也可能太過關注自己，也就是對自己的動作過於認真，想要做出完美動作，而不是讓動作自然發生。結果，我們會做出不好的決定、在很基本的地方犯錯，導致表現不佳。黑衫軍在二〇〇七年世界盃的最後幾分鐘，就能在球員身上看到這些感覺受到威脅時的反應。

伊凡斯把大腦的其他功能視為「藍色」系統。這包括我們理性和邏輯思考、解決問題、擬定行動計畫，以及意識到自己心理狀態的能力。藍色系統主要是由大腦的額葉主宰，在遭遇困難的環境下，讓我們能做出較慢、較深思熟慮、較理性的回應。這些大腦系統讓我們能控制情緒反應，並讓我們將焦點放在任務上，這對於在壓力之下表現出色相當重要。簡單來說，**藍色系統的首要任務就是讓我們能清晰地思考**。

但問題來了。**想在心理壓力下表現出色，我們就必須將行動與思考結合起來**。我們需要協調行動迅速的紅色系統與緩慢思考的藍色系統，充分利用兩者來獲得最佳結果。換句話說，在壓力下控制我們的想法與情緒反應——保持冷靜與專注，意味著使用成功運動員所學到的心理工具。除非我們知道這些工具是什麼以及如何使用它們，否則我們幾乎不可能在壓力之下做出好表現。

你可能已經意識到，這些系統並沒有好壞之分。我們天生的壓力反應可以救我們一命，但如果紅色狀態過多，我們會魯莽地用本能的方式反應，在壓力下就不太可能成功。同樣的，邏輯與理性能幫我們解決問題，但在表現中如果有過多藍色狀態，會讓我們想太多且缺乏果斷行動的能力。因此，最重要的是要能夠辨認和了解我們所處的狀態，調整我們的心理溫度計，讓紅藍狀態達到良好的平衡。

我們可以用紅藍系統來思考自己大多數的情緒反應。雖然我們可能會認為悲傷、焦慮或憤怒都是負面的，但這些不愉快的情緒也可能對我們有助益。[5]舉例來說，擔心即將到來的考試，可能會讓學生更認真讀書。因此，在表現前感受到一些擔憂可能會有所幫助。

同樣的，我們可能會覺得興奮和滿足是好的情緒，這的確讓人感覺愉快。但就像在第一章提到的，我們會因為進展順利而滿意，這可能會讓我們過於自滿而無法實現目標。如果這種事發生了，那我們的滿足感最終將無濟於事。

所以，與其說情緒是好或壞，不如說情緒是愉快或不愉快、有益或無益。因此，管理情緒會有兩項重要的好處：讓感覺更好，以及做出更好的表現。

了解大腦如何面對壓力，是我們學習如何管理情緒並在壓力下表現得更好的第一步。明白我們正在經歷的情緒沒有好壞之分，這很有幫助。下一步，就是去更加了解我們在不同情況下經歷到的各種情緒。**一旦我們能夠辨認出這些情緒，並去標記它們，就會更容易去管理這些情緒反應。**

我感受到什麼情緒？

你現在覺得如何？你可能度過了艱難的一天，感覺有點緊張或生氣。也許你在讀這本書時覺得很平靜和放鬆。或者更精確一點來說，你在開始讀這本書之後，變得更平靜了。如果是這樣，那很棒，不僅僅是因為這意味著你喜歡這本書。這也點出了我們情緒的一項特色：**情緒是可塑的。當我們在需要的時候，可以去做一些事來改變情緒**。

我們每天經歷許多不同的情緒，可能因為發生了什麼事、我們的一些想法，或者我們的回憶而引起。不管我們感覺到什麼，所有情緒的核心是兩種基本的感覺狀態。[6]第一個，就如同壓力反應，牽涉到**能量的高低**。你可以由心跳加快、呼吸急促、肌肉緊繃、體溫升高或充滿警覺，辨識出這是高能量的狀態。

第二個層面牽涉到**愉快或不愉快的情緒**。透過這兩個層面，可以將我們經歷的情緒畫成四個象限，如下圖所示。

舉例來說，興奮是愉快的高能量的狀態，位於右上角的象限，與得意和喜悅一起。憤怒與焦慮是高能量但不愉快的狀態，與沮喪同在左上方的象限。悲傷、抑鬱、無聊是不愉快的低能量狀態（左下），而平靜、放鬆、滿足是低能量但愉快的狀態（右下）。你讀到這

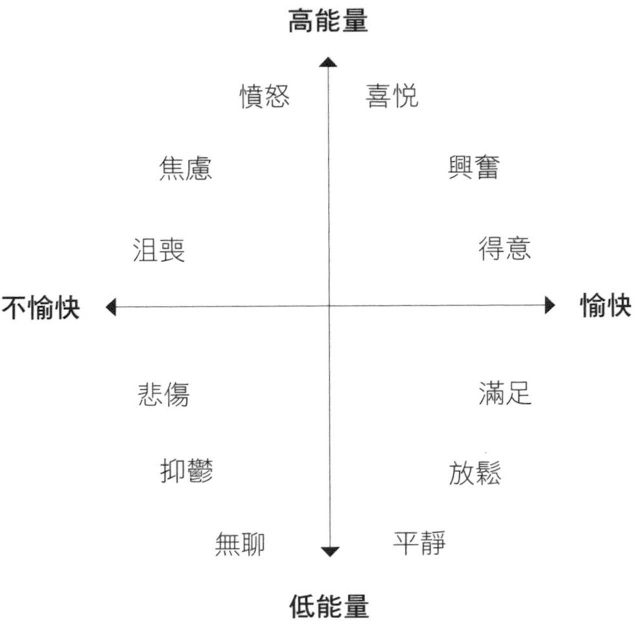

｜基本感覺狀態和情緒｜

裡時，可能會將想到的其他情緒放在這四象限的其中一個。[7]

知道這件事很有幫助，因為**調節情緒的目的，就是要把我們的基本感覺狀態從一個象限移到另一個象限**。如果是焦慮、憤怒或興奮，我們可能需要把能量的程度調低，才能平靜下來。相反的，如果感覺無聊、抑鬱或悲傷，可能意味我們需要做些事情，像是跟別人聊天或去跑步，讓自己覺得好一點或更有能量。[8]

因此，**能辨認自己的情緒是改變感覺的關鍵一步**。你可以在任何情況下開始這個過程，花點時間問自己感受到什麼情緒，並為情緒命名。像是說出「我覺得生氣」或「我感到焦慮」，就是情緒調節的策略，並活化「藍色」的大腦區域，弱化激烈情緒的強度。[9]

其他策略也很有幫助。管理情緒，意味著我們有正確的心理工具可以使用。若沒有這些技巧，正如我們很多人所經歷過的，就會被情緒帶著走。那麼運動員學到了什麼？我們又該如何利用他們的洞見，在需要時調節自己的情緒呢？

如何調節情緒？

我們可以選擇一百六十多種不同的策略來改變自己的感受[10]，大多數的人每天都會使用其中一些策略。有些策略包括做某些事，像是購物、聽音樂、運動或向朋友尋求支持。有些策略包括思考某些事或改變想法，像是不再去想、做白日夢或理性思考問題。

有些策略，像是做白日夢，能幫我們避開不愉快的感覺。有些策略，像是理性思考問題，則是專注於處理情緒並找出情緒的起因。這兩種策略都有幫助，取決於不同情況。有時候讓自己抽離一下會比較好，尤其是在面對束手無策的情況時。當我們越能控制情緒的觸發物，就越能解決問題和做出有效的行動。

運動員懂得使用不同的方法來調節情緒。研究發現，跑步選手在比賽之前會使用二十八種策略之中的一些，讓自己感覺更好並做出最佳表現。[11]這些策略包含：專注在自己的目標、分散自己的注意力、重複激勵性語句，以及回憶過去的成功表現。

以上內容看起來像是好消息，讓我們知道有許多策略可幫助我們改變自己的感覺。不過，就像二〇〇七年的紐西蘭黑衫軍一樣，我們不是每一次都用到對的工具，我們需要學習。而有這麼多選項可供選擇也會有缺點，就是我們有時會選錯。不是所有的情緒調節策略都是健康的或有用的。喝酒或吸毒等行為，可能會在短時間內改變我們的感受，但長遠的影響卻是有害的。同樣的，不斷想著負面的想法、情緒及其原因，並用大叫、破壞東西的方式來發洩情緒，也是毫無幫助，而且會讓心理不健康，使具侵略性的情緒增加。[12]

而壓抑情緒，也就是試著隱藏情緒，也是沒幫助的。壓抑情緒需要自我控制，而隨著時間，我們維持控制的能力會越來越弱，這意味最終我們可能會更強烈地感受到不愉快的情緒，或者用更猛烈的方式把情緒發洩出來。

你可能認為運動員是壓抑情緒的高手，因為他們似乎能夠在高壓下維持冷靜。但許多運動員明白，壓抑沒有用的情緒並不是做到這一點的最佳方法。有一項探討壓抑情緒對運動表現影響的研究，證實了這個理論。[13]在這項研究中，研究人員招募了二十名學生運動員，並要求他們完成三趟十公里的自行車計時賽。其中一趟是普通的計時賽，受試者只要到實驗室，盡快騎完十公里就好。不過在另外兩趟，受試者會先看一段三分鐘的影片，影片內容是一名在催吐的女性，接著（看到這裡時可以迴避一下）把自己的嘔吐物吃掉。想到這樣的畫面，你可能感到非常不舒服，我們可以想像受試者看了這個影片會有什麼感受。

不過這就是研究的重點。在其中一次的計時賽中，受試者雖然覺得很噁心，但被要求盡力壓抑自己看完影片後的情緒。在另一次的計時賽中，他們被允許隨心所欲地表達自己的感受。

結果顯示，受試者在壓抑情緒的計時賽，與不壓抑的那次相比平均慢了二十五秒，也就是二・三%；與沒有看影片的那次相比慢了三十六秒，也就是三・六%。除了速度變慢之外，受試者也表示，壓抑情緒的那次感覺比另外兩次都還要費勁。

從這項研究可知，**壓抑情緒，以及壓抑情緒所需的自我控制和心理上的努力，都是我們要付出的成本**。壓抑不愉快的情緒，像是厭惡、焦慮和憤怒，傷害到的不只是運動表現，也會影響生活中的其他部分。舉例來說，就長期來看，可能會造成衝突、不良的人際關係，甚至藥物濫用。[14]用健康的方式表達或管理情緒，就像運動員學到的那樣，對我們的表現與長期的健康與福祉都很重要。

那麼哪些策略是有幫助的呢？運動員學到了哪些策略，讓他們在壓力下表現得更好？在這章的後半段，我們將介紹一些可以用來調節情緒的有效工具。我們將從「重新評估」開始，並探索我們該如何改變自己對情況的理解，進而改變隨之而來的情緒。

重新思考

《哈姆雷特》裡提到：「世間事無好壞，思想使然。」我們已經了解，情緒沒有好壞，但我們的想法呢？我們要如何「使然」？當我們在評估一件事情時，我們會判斷它是否有助於或阻礙我們追求一個重要目標。這樣的評估可能會引起像是挫折、焦慮、滿足或得意等情緒，取決於我們認為自己進行的程度。

這邊有個例子。如果有人因為你生日而送你一塊蛋糕，你可能會覺得：「真貼心，他們記得我的生日。」你開心地品嘗蛋糕，可能感到滿足。如果在別的日子，有人給你一塊蛋糕，但你想吃得健康一點，就可能會這樣想：「真不貼心，他們不記得我想吃得更健康嗎？」你把蛋糕推到一邊，可能覺得有點煩，或者你基於禮貌吃了一點你不想吃的東西，可能感到不開心。

在運動的情境下，如果在比賽後期落後，像是二〇〇七年紐西蘭黑衫軍在世界盃對上法國那樣，你可能會做出負面的評估，但也不是必然如此。如同在第一章提到馬霍姆斯與酋長隊在超級盃八強賽所展現出來的，就說明了若事情不如預期發展，也是展現決心與做出好表現的機會。如《哈姆雷特》所說，事情本身並沒有好壞，是我們面對這些情況的反應，亦即我們對情況的評估，讓它們有了區別。

重新評估（re-appraisal）的原則，源於理解事件如何影響我們的想法，而想法如何影響我們的情緒，以及想法與情緒如何影響我們的行動。**透過改變我們對某件事的想法，就能改變我們對這件事的情緒反應**。這種不同的思考策略，對大腦會產生強大的影響。神經成像研究顯示，當我們重新評估讓人不安的資訊時，大腦中與強烈情緒反應有關的區域，像是杏仁核（紅色區域），就會變得不活躍；同時，大腦中與邏輯思考有關的區域，像是前額葉皮質（藍色區域），會變得更活躍。[15]換句話說，**重新評估讓我們能夠在這兩者間達到更好的平衡**。

讓我們將重新評估的工具拿來使用吧。我們以一名曲棍球運動員當例子，這名選手將首次在一大群觀眾面前進行一場重要的賽事。[16]面對這樣的情況，她的負面評估可能會是

「我一定會在這麼多人面前出錯」或「我覺得我辦不到」。這樣的念頭可能會讓她擔心、焦慮甚至害怕。

會出現這些想法很正常，我們大多數人都有過這種經驗。但讓我們來看看她面對這樣的情況，可以有哪些應對方法。[17]首先，她沒辦法做什麼來改變情況，比賽的重要程度或觀眾的反應，都是改變不了的。她可以決定不要上場，但這樣做也沒有什麼幫助。但她只要改變想法，就能改變接下來會感受到的情緒。

為了對抗最初的負面想法，她可以這麼想：「觀眾對於我的表現不會造成影響」，或「我已做好充分的準備，而且也贏得參加這場比賽的資格」。透過這些重新評估後，她還是可能在賽前感到焦慮，但沒有關係。因為這不會像她最初負面想法所導致的反應那麼強烈。

我們可以透過許多不同方法來運用這個重新評估的技巧。重新評估包括正確看待你的問題、充分利用環境，或提醒自己不管眼前的情況看起來有多困難或漫長，它都會過去的。

這個過程並不像我們在這裡說得那麼容易，學習如何改變自己最初的負面想法，需要練習與堅持。首先，**需要更加意識到你在困難或壓力情況下，會對自己說些什麼，進而了**

解這些想法如何影響你的感受。把所遇到的情況、你的想法及由此產生的情緒寫下來，可以幫助你辨認觸發物，讓你更了解自己是如何回應這些事件的。

為了幫助你完成這過程，我們提供了一個重新評估的表格。你可以在前三欄寫下你在面對不同情況或事件時的想法與情緒。

一旦你更加了解自己在某種情況下通常是如何思考的，以及這些想法帶給你的感受，下一步就是發展出你在同樣的情況下，可以對自己說的替代想法。重要的是，這些新的想法能帶來更有幫助的情緒反應。因此寫下這些替代想法帶給你的感受，會很有用。請在表格的最後兩欄寫下這些替代想法，以及可能引起的情緒反應。

—重新評估表—

情況 描述一件過去發生的情況或事件	**自動出現的想法** 你當時在想什麼？	**情緒** 你當時感覺怎麼樣？

替代想法 你可以有哪些更有用的想法呢？	**情緒** 這些新的想法讓你感覺如何？

有趣的是，當我們經歷沒有幫助或不愉快的情緒時，也可以用重新評估的方法來改變他們。例如當我們焦慮時，身體會出現一些反應，像是心跳加速或手心出汗，這會加劇我們的擔憂與恐懼感。不過，重新評估這些身體反應，將其視為身體已經準備好拿出最佳表現的象徵，可能會有所幫助。[18]

重新評估身體的感受，將這些感受視為對於表現有幫助，也是許多運動員學到的技巧。新英格蘭愛國者隊的開球員史蒂芬・葛斯考斯基（Stephen Gostkowski）在二〇一九年的超級盃就是很好的例子。當被問及他如何克服賽前的緊張時，他是這麼說的：

> 在比賽前緊張是一件好事。對我來說，如果你沒有任何情緒，那才該擔心。如果你已經做好準備要來比賽，但卻不緊張，那你就有問題了。緊張是比賽的一

部分，這是一種好的緊張，是興奮的緊張。[19]

這種策略不只能幫助運動員參加比賽，還能運用在我們的日常生活中。在焦慮的時候，只要重複大聲念出一些簡單的句子，像是「我很興奮」，有助於讓我們更有自信，在各種事情上做得更好，包括在壓力之下解數學題或公開演講。[20]換句話說，**將焦慮理解成對我們的表現有幫助而非阻礙我們的東西，這對我們的表現會有正面影響。**

把焦慮重新評估為興奮，就是把我們的基本感覺狀態從不愉快轉變成愉快。對運動員來說，這有助於保持更高的活力，同時消除焦慮與擔憂所帶來的無益影響。

寫下來

我們已經學到壓抑情緒的壞處。有更多有用的策略可用來管理我們的情緒狀態。其中一個就是寫日記，這是一種幫助我們表達而不是壓抑自己的想法、感受及觀點的工具。有證據顯示，寫日記能夠減輕煩惱與憂鬱，對心理健康有益，也能改善身體健康。當我們想理解情況並做出有建設性的處理時，將它們寫下來會特別有幫助。[21]

把感受寫下來，就能夠調節自己的情緒。[22]舉例來說，寫作就是標記情緒的一種方法，**當我們將情緒訴諸文字時，有助於改變我們處理情緒反應的方式**。

表達性書寫在許多情況下都會有幫助。雖然寫下創傷事件的想法與感受，像是父母離婚、種族歧視經驗或親友逝世，可能很難且覺得不適，但證據顯示，這樣的行為能夠讓我們成長、增加自我接納，並減少痛苦的感覺。將創傷的經驗寫下來，並對事件發展出更深層的看法，也可以增加心理韌性，這意味我們會感到更樂觀，對於事件與自己的情緒能有更好的控制。[23]

表達性書寫有許多好處，這也是為什麼許多運動員都有寫日記的習慣。二十三座大滿貫網球冠軍小威廉絲（Serena Williams）表示，在筆記本中寫下自己的想法與感受，「可以清除那些讓你卡關的負面想法與情緒」。[24]兩度獲得奧運高山滑雪冠軍的米凱拉・席弗琳（mikaela shiffrin）從十三歲開始就有寫日記的習慣。她在日記中記錄了運動與日常生活中遇到的正面與負面事件，以及她對這些事件的想法與感受。[25]

我們也可以透過日記來練習對生活中的正面事物表達感激之情，不論這些事情的來源為何。這可以包括寫下家人、朋友或同事為我們做的事情，甚至是我們所經歷的困難與挑戰。

專注於感恩，能讓我們更正面看待事情，並改變隨之而來的情緒。一項研究發現，跟沒有寫過感恩日記的人相比，寫過四週感恩日記的人能更有效地重新評估讓人不適的照片，也更能調節對這些照片的情緒反應。[26]

寫感恩日記對個人成長很有幫助，這在六次奧運短跑冠軍艾麗森・菲莉克斯（Allyson Felix）的故事中表現得淋漓盡致。[27]她每天都會寫感恩日記，在一場二〇二〇年初的訪問中，她提到：

> 我很感謝我的經歷讓我成為現在的自己，我年輕一點的時候還沒有這種體會，但現在我很感謝那些困難的時刻，讓我更認識自己。我成長了許多，我也經歷過考驗。我現在就是處於體育生涯最後幾年希望自己來到的境界，有自信但仍充滿渴望，也確切知道自己是什麼樣的人。[28]

針對焦慮的狀況，寫日記的最後一個好處，是這可讓我們沉浸在煩惱中。雖然聽起來有點違背常理，但有建設性地刻意花時間關注煩惱，有助於減少焦慮感。[29]換句話說，有目的地煩惱有助於減少煩惱。把煩惱寫下來，我們對煩惱的掌握度就好像增加了，於是能把心力專注在解決辦法上。給自己一段煩惱時間（worry time），也代表我們能避開壓抑情緒的負面後果。

煩惱時間包括五個步驟。[30]首先，規劃一段時間，像是二十分鐘，在這段期間內不要有任何干擾。這段時間就是你可以刻意煩惱的時間。第二，在這段時間內，寫下所有你煩惱的事情。此時你可以盡情煩惱，不管是多大或多小的問題，都把它們寫下來。

把這些事情寫下來之後，第三步就是把這些煩惱的事項分成一、二、三等級。標為一的是你可以做出一些行動來處理的事，標為二的是你可能有辦法處理的事，標為三的是你無能為力的事，這可能是一些超出你控制範圍的情況或事件。

第四步，就是去解決每一項煩惱，從標為一的開始，再來是二，最後是三。把這些解決方案具體化，將其視為你未來會規劃成目標的行動（見第一章）。例如你可以設定一個時間，來解決你目前最急迫的煩惱。

但有可能你會發現，對於一些煩惱，其實你也沒辦法做些什麼，就像被標為二的部分煩惱與標為三的所有煩惱。這沒關係，**接受有些事情你就是無能為力，可帶來有用的情緒反應。試著重新評估這些情況，可能有助於減輕煩惱。**

一旦煩惱時間結束，最後一步就是在那一天剩下的時間都不要再去想，除非你正在解決某一件煩惱。你難免會在煩惱時間之外的時間去想你的煩惱，特別是在你剛開始進行煩惱時間的練習時。但這沒關係！提醒自己，你在明天的煩惱時間就會來思考這些煩惱，這有助於管理這些想法。

其他策略，像是分散自己的注意力（去散散步，或討論完全無關的話題），可以讓你在煩惱時間以外的時候改變你關注的焦點。我們在第三章會討論這些策略。安排時間專注於放鬆技巧，像是接下來將提到的內容，也有助於釋放緊張與管理不愉快的情緒反應。

呼吸與放鬆

你已經練習了重新評估，並且寫下了你的感受。這兩樣都很有幫助。但如果現在你正參加工作面試，心情比想像中更緊張，你能做什麼呢？

這也是運動員會面臨的問題。他們在最緊張的時刻，會做什麼來保持冷靜和鎮定呢？學習快速冷靜下來的心理技巧，就是黑衫軍在二〇〇七年賽後學到的將紅色系統轉換為藍色統的核心策略。冷靜下來，需要將強烈的情緒反應，像是挫折、焦慮和憤怒，轉換為比較平靜的狀態。以下策略能幫助你在經歷強烈的情緒反應後調節情緒。

當下最有效的冷靜方法之一就是集中精神（centering）。集中精神是一種呼吸技巧，慢慢地深吸一口氣，讓肺部充滿空氣，吸氣時把肚子往外推。在暫時屏住呼吸的時候，專注於身體任何部位感受到的緊繃，像是背部、肩膀或臉部。最後，慢慢地將氣完全吐出，同時放鬆肌肉、釋放緊繃。整個過程只需短短幾秒鐘。

許多運動員會用這種緩慢的深呼吸，作為賽前準備的習慣動作之一。梅根・拉皮諾（Megan Rapinoe）與C羅（Cristiano Ronaldo）在踢自由球之前，都會深呼吸讓自己更平靜。冬季兩項賽選手多羅特雅・維雷爾（Dorothea Wierer）與約內斯・廷內斯・包爾（Johannes Thingnes Boe）在從越野滑雪轉換到射擊之前，會使用呼吸技巧來降低心率、減少緊張。研究顯示，上場前的深呼吸能夠改善年輕籃球員的罰球表現[31]；若結合指導性與正向性的自我激勵，可提高冰上曲棍球守門員的救球率。[32]

本書前言提到的「奔跑的女孩」計畫，也包含了一個名為「停下來吸口氣」的工具，這可運用在人生各種不同的層面。這個策略教女孩在遇到困難的時候，能透過停下來、呼吸、思考、回應和評估，來管理情緒，並在困難情況下做出更有建設性的回應。完成這個計畫的女孩表示，當她們被嘲笑或跟兄弟姊妹發生爭執時，「停下來吸口氣」在管理煩惱、憤怒和挫折等情緒時很有用。[33]

如果你有更多時間的話，還可以使用其他的放鬆技巧，其中一個最有效的方法是**漸進式肌肉放鬆法**（progressive muscle relaxation，PMR）。這方法源自一九三〇年代，強調依順序拉緊和放鬆身體的肌肉，從手與手臂開始，一路到腳與腳趾。漸進式肌肉放鬆法的目的是讓你更意識到肌肉的緊繃程度，在你注意到它時釋放這種緊繃並放鬆。

附錄二有一個簡單的PMR練習，你可以照著做，完整做完一次大概需要二十分鐘。如果你有時間練習放鬆的話，像是在睡前，推薦你試試看這套方法。一旦你學會這項技巧，在遇到重要場合的前幾個小時，或是在等待區等面試時，就能夠用短版的放鬆法，來管理你的情緒狀態。

在日常生活中，PMR對於處理緊張與焦慮很有效。你可以用PMR來管理跟工作有關的壓力、減緩失眠，或緩解緊張引起的頭痛。[34]當PMR成為認知行為療法的一部分時，證據顯示PMR有助於治療焦慮症、恐慌症、社交恐懼症、慢性疼痛，並減輕癌症病患的心理痛苦。[35]

你也可以將這些工具綜合運用。深呼吸加上重新評估，能幫助你在壓力情況下放鬆並改變想法。黑衫軍將紅色系統轉換成藍色系統的策略，是從緩慢深呼吸開始，在緊張的時刻讓球員冷靜下來。接著，球員會使用個人的接地技術，將注意力重新集中於當下。

腳踏實地

當我們感受到強烈的情緒時，我們會特別關注與情緒有關的想法。例如當我們生氣時，我們會不斷去想讓自己生氣的來源。正如本章前面提到的，運動員焦慮的時候，會被自己的擔心與恐懼而分心，或過度關注他們平時能自動執行的技能。這些因為焦慮引起的注意力變化，就是導致失常和糟糕表現的根本原因。本章的最後一項工具，就是讓你用簡單的步驟來改變這些事情。

接地技術（grounding techniques）能夠改變這一連串的事件，讓你的注意力重新回到當下。聽音樂、運動、深呼吸和閱讀，都是接地技術的例子。

最常見的接地技術，是「五四三二一法」，這涉及我們的五種感官。你現在就可以練習看看。檢視一下你的周遭環境，可以念出聲或在心中默念你能看到的五個東西、你能摸到的四件物品、你能聽到的三個聲音、你能聞到的兩種氣味，以及你能嘗到的一種味道。一直到把十五件東西列完為止。

如果你全神貫注在尋找這些東西，你會覺察到一些之前所忽略的感覺。你可能會注意到背靠著椅子的感覺，或者手中書本的氣味。這就是接地技術的目的，**把你的注意力集中**

在當下，遠離分心或沒用的想法。你可能會發現，現在你的情緒狀態有很大的不同了，希望你現在已經感受到平靜和放鬆。當你覺得焦慮、憤怒或沮喪時，接地技術有助於降低這些感覺的強度，並管理你的情緒狀態。

諾爾把這個技巧教給史考特之後，史考特立刻就感受到這個技巧帶來的好處。在四小時的跑步訓練過了九十分鐘後，史考特覺得就要跑不下去了。他慣用的策略，像是把剩下的時間切成小段，並提醒自己這個跑步就是達成有意義的個人目標的一部分，現在都失效了。史考特滿腦子都是：「我不想練習，我連一半都還沒跑到，我還有兩個小時要跑。我生命裡花了好多時間在等待結果，而不是享受。」他開始告訴自己，減少練跑的時間也沒關係，即使他目前身體狀況都沒問題。

然後他想到了「五四三二一法」，就開始去列五種感官的清單。他仍然自怨自艾，於是就再做一次「五四三二一法」，但設定了一個條件，不能把第一次所看到、聽到等的東西列入。不過在跑好幾英里後，很難想到不同的味覺。在史考特完成第二輪的「五四三二一法」時，他已經跑了將近兩小時。他的思考轉移到更有幫助的念頭，像是：「你幾乎跑一半了，現在正要往你最喜歡的森林路徑前進。」剩下的跑步最終順利結束了，史考特完成了他當日的目標。

能夠快速調節情緒，對表現是很重要的。在這樣的情況下，你可能沒時間進行完整的「五四三二一法」（更別說做兩次）。但根據自身的需求來練習，並熟稔一個短版的方式，會很有幫助。

那要怎麼將這些技巧融會貫通呢？當感受到壓力時，要如何使用呼吸和接地技術來管理你的情緒？

這正是黑衫軍在二〇〇七年後學到的事。黑衫軍成員基蘭・里德（Kieran Read）會環顧體育場將注意力轉移到更大的目標上。他的隊友麥克考使用的則是不同的感官，他在比賽的短暫休息時會跺腳，專注在腳的感受。麥克考在他的自傳《真實的麥克考》（*The Real McCaw*，暫譯）中描述他是如何將呼吸與接地技術結合起來：

> 用嘴巴或鼻子慢慢呼吸，停頓兩秒鐘。呼氣的時候，把氣吐在手腕處。接著把注意力轉移到地面或腳上，或手中的球甚至大拇指上，或觀眾台上。抬起頭，向外看。
>
> 你必須使用深呼吸與關鍵字，來擺脫腦中的雜念，找到一個外在焦點，把自己拉回當下，重新獲得情境意識。[36]

對黑衫軍來說，練習這些策略確實有幫助。他們在二〇〇七年輸給法國的四年之後，在二〇一一年世界盃總決賽又再次對上了。這場比賽與四年前的緊張程度不分軒輊，最後他們以八比七贏得睽違二十四年的世界盃冠軍。四年後，在二〇一五年的世界盃，他們成了第一個衛冕的隊伍，在決賽中以三四比一七大勝澳洲。

情緒調節的最後提醒

情緒調節有很多策略可以使用，但管理情緒可能很困難，選擇正確的策略並不總是那麼容易。更加了解自己經歷的情緒，並擁有一系列可供使用的工具，這一點很重要。但是學習這些技巧並有效地使用它們，需要練習與耐心，沒辦法馬上就見效。你可以多加嘗試，找出最適合你的方法。

就如同五四三二一的接地技術所示，能夠專注或重新集中注意力，對調節情緒有所幫助。還有其他技巧可以用來管理你的注意力，我們將在下一章探討這些策略。

Chapter

03 你在想什麼？

保持專注的工具

如果你願意給我們一點時間，我們想跟你分享一個跟本章有關的小故事。

二〇〇六年，史考特到印度喜馬拉雅山麓參加為期五天的超馬賽。比賽前一天，他跟那場比賽最終的冠軍一起跑步，從賽事總部米里克出發。附近有一座小湖，周圍有一條小徑，非常適合練跑。他們輕鬆地適應跑步的節奏，以十分鐘的循環跑了六圈左右。

史考特回到下榻處時，他太太史黛西說她也到同一座湖邊散步，遇到一群在慶祝排燈節的女人。她們披著亮黃色和紅色的圍巾，頭戴頭巾，蹲在湖邊小道旁，端著大碗的香蕉、瓜果、蔬菜、鮮花作為供品。

史黛西拍了照片給史考特看，但他完全沒注意到這群人，在湖邊跑第一圈的時候沒看到，第三圈或任何一圈也都沒看到。他並沒有刻意決定要這麼做，他只是全神貫注在跑步上。

在跑步的歷史上，還有更多強大專注力的例子。二〇一八年，兩位波士頓馬拉松冠軍得主當時在像末日般的狂風暴雨中比賽，一直到跑完了才知道自己是冠軍。迪娜・卡斯特（Deena Kastor）在二〇〇四年奧運的馬拉松比賽上，一直到最後一百公尺才意識到自己獲得了銅牌。在第一章，我們介紹了一些專注於過程目標的概念，以及為什麼這樣會比想著結果（如贏得奧運獎牌）更有幫助。在這一章我們將繼續提到，強烈情緒（如焦慮）會讓我們把專注力放在分心與不相干的事物上。在本章中，我們將討論成功的運動員是如何訓練自己專注在眼前的任務，以至於對身邊發生的事情渾然不知。

比賽時運動員都在想什麼

本章的標題「你在想什麼」，也是諾爾在他研究生涯中不斷詢問從事耐力運動的人，不管是新手或奧運選手的問題之一。他們的答案為運動員在巔峰表現時的想法提供了迷人的見解。已經數不清有多少次，諾爾在聽他們講自己在比賽與訓練中努力奮戰並克服挑戰的故事時，聽得入迷。

他們最常提到的一項主題是，快速奔跑是非常困難的事，不論是在身體上或心理上，對於新手或奧運選手來說都是如此。但最優秀的選手與其他選手的差別在於，他們能透過深度專注和專心致志的過程，來做出卓越的表現。這些運動員知道他們需要專注在哪裡，而且更重要的是，他們擁有心理工具來做到這一點。以一名菁英越野跑者為例，諾爾在二〇一五年這名跑者完成生涯中最難的賽事後採訪她，她說：

我在二到四公里的時候，都跑在領先群的後面。在第三圈的時候，我開始落後那群領先的人。我被觀眾分散了注意力，接著又被其他事物分心，於是我就想著「不要分心，要集中注意力」，然後我完成了。我在那場比賽拿到亞軍。但如果我落後那群人之後沒有振作起來，那就完蛋了。[1]

想在賽跑中獲得勝利，選手通常要贏過自己心理那一關。對於上述那位選手來說，這就代表著要抵抗許多會讓她分心的事物。這些干擾物有些是外在的，像是偶爾會吸引運動員注意力的觀眾；有些則是我們內在的想法，像是擔憂，或是無法抵抗想要停止或放棄的念頭。

那麼他們會怎麼做呢？運動員使用什麼工具來保持專注和完成任務呢？同樣重要的是，如果他們分心了，要怎麼重新專注呢？

這些問題的解答，在一九七〇年代晚期開始出現。在一系列的研究中，心理學家威廉・摩根（William Morgan）和運動生理學家麥可・波羅可（Michael Pollock）採訪了業餘和專業的菁英長跑運動員，試圖了解他們在訓練與比賽中所關注的重點。

他們的研究發現，國家級與世界級馬拉松選手都採用了一種他們所謂的**關聯策略**（associative strategy）。正如一項經典研究中所述，這些跑步的人「非常關注身體的輸入，像是腳、小腿和大腿的感受和知覺，以及他們的呼吸。他們的步調很大一部分由『閱讀身體』所決定，而且他們不斷告訴自己要放鬆和保持輕鬆」。[2]

這些菁英跑者在比賽中所關注的細節讓研究團隊驚訝。因為一般人通常會認為最好要遠離身體的感覺。畢竟，如果跑得快不容易，那應該是盡量不要把注意力放在身體感覺上比較好吧？

摩根與波羅可很快就發現，菁英馬拉松選手和他們先前採訪的業餘跑者有不一樣的地方。他們不僅在體能表現上有天壤之別，在心理策略也是如此。非菁英運動員偏好採用一系列分散注意力的策略。換句話說，他們偏好抽離身體上的感覺。他們通常會用回憶過去、想像自己在聽音樂、唱歌，來做到這一點。甚至有一位受訪者說她會想像自己踩在兩位討厭的同事的臉上。

這兩種想法差別如此大，我們遇到了兩難。運動員該怎麼思考才是最好的呢？哪一種策略最有幫助，對於身體的感覺，應該要盡量抽離還是要用心感受？諾爾在二〇一二年讀博士班時就是在研究這類議題。二〇一四年，他發表了關於一百多篇研究耐久型運動員注意力策略的綜述研究，探討他們把專注力放在什麼地方。[3]在那篇文章裡，他整理了支持分散注意力與支持關聯策略的證據。

支持分散注意力的例子

在我們回答這兩種想法哪一種比較好之前，我們必須先思考一個簡單的問題。什麼叫做「最好」？如果是講求速度更快，那麼運動員可能會竭盡所能地避免分散注意力。

但這並不是事情的全貌。諾爾在文章中指出，諸如做白日夢、跟訓練夥伴聊天，或專注於風景這類的分心，有助於減少無聊感，並讓跑步變得更愉快。換句話說，**如果不是為**

了跑得更快，而是希望能感覺更好時，那麼分散注意力是有用的。有一名諾爾採訪的業餘跑者這麼說：

> 只要在外面跑步時，我的思緒就會四處漫遊，非常自由自在，這是專屬於我的時間，我只要想自己的事就好，你懂嗎？你不是坐在家裡、不是在工作，也不是在想某件事。你只要想著自己的事。[4]

這樣的見解告訴我們，分散注意力在我們的心理工具箱中也占有一席之地。這是管理情緒的一種有效方法，特別是當我們需要關機、放鬆和擺脫這一切的時候。做到這一點的一個好方法是親近大自然，像是到鄉間或公園裡。

為了探討自然環境改變我們感受的力量，蘇格蘭研究人員曾讓十二名學生在愛丁堡市獨自完成二十五分鐘的步行。[5]每個人在這二十五分鐘的路線上，都會經過一條人潮擁擠的商店街，然後穿過一個安靜、綠樹成蔭的公園，最後再走到吵雜的商業區。每個學生隨身戴著行動腦波儀，記錄他們在行走過程中經歷到的不同情緒狀態。

走在公園裡的時候，學生感覺更平靜和較少沮喪。他們走過公園的時候，跟走在商店街及商業區相比，呈現出更高的冥想狀態。走在這兩個繁忙的區域，則呈現較高的警覺心與注意力。這些發現表示，大自然可以產生鎮靜和修復的作用，讓大腦能從緊張以及疲於維持專注力的日常生活中放鬆。

史丹佛大學的研究團隊也進行了類似的研究，探討的是大自然對我們想法的影響。[6]在這項研究中，三十八名受試者進行了九十分鐘的散步實驗，地點是在公園或熱鬧的大街上。這項研究主要想探討受試者反芻思考（rumination）的程度，反芻思考是在不斷重複關於自己的負面想法，這會影響心理健康。

這項研究包含了兩種反芻思考的測量方法。一種是受試者需要填自我檢視量表，包含像是「我的注意力通常集中在那些我希望能停止去想的事情上」的題目。另一種是接受大腦掃描，來測量與反芻思考相關的前額葉皮質的活躍度。兩者都是在散步的前後立刻進行測量。

研究發現在公園散步的受試者的反芻思考程度有降低。散步後的大腦掃描結果也證實了這一點，也就是公園散步者的前額葉皮質的活躍程度變得比較低。然而，對於在市區散步的人，就沒有發現這樣的變化，他們反芻思考程度就跟散步前一樣高。這項研究補充說道，自然環境可幫助我們擺脫日常煩惱，打破反芻思考的循環。從這兩件研究中我們學到，有時候去公園走一走可以讓我們感覺更好！

另外有研究發現，運動員也會以類似的方式利用自然環境。[7]對某些運動員來說，自然的修護力幫助他們在比賽之前調整好心理狀態。三度參加奧運的滑雪選手安德烈亞斯・庫特爾（Andreas Küttel）說：「大自然每天都給我許多能量，但在特別的場合時，也會帶來平靜。」自然環境能夠幫助我們減壓，前愛爾蘭橄欖球聯盟球員羅西・佛利（Rosie Foley）也肯定這一點，她說：「我感受到全然的放鬆，這種美妙的感覺，就是我最需要的狀態！」

但這只是故事的一半。雖然像大自然這種正向的分心能帶來好處，但運動員最重視的是在比賽中拿出最佳表現。在這樣的情況下，全神貫注應該是比分心更適合的做法。

支持關聯策略的例子

諾爾深入探討超過三十五年的研究結果時，他很快就發現，關聯策略對運動表現的結果，比原先想像的更加細微。當運動員過度專注在像是呼吸或肌肉痠痛等身體感覺時，他們的表現就會受到影響。這麼做會讓任務變得更加困難。相較之下，保持放鬆或優化運動技巧等策略可以提升表現，有時並不會增加任務的難度。

一項涉及六十名經驗豐富的跑者的研究，有助於解釋這些細微的差別。[8] 這些受試者完成了三次五公里的跑步，一次在實驗室的跑步機上，一次在兩百公尺的室內跑道，一次在平坦的戶外跑步道路。一半的跑者，也就是關聯策略的那一組，被要求在每一次跑步中，每三十秒要檢查手錶顯示的心率與跑速。另一半跑者，則是分配到分心策略，他們戴耳機聽音樂。受試者被要求在每一次的五公里跑步中跑得越快越好。研究團隊記錄下跑者感覺的好壞、每一次跑步的困難程度，以及他們最終的跑步成績。

與其他分心策略的研究結果一致，研究顯示，聽音樂的跑者在跑步時感覺更平靜。跑者也覺得在戶外跑步比室內跑步的感覺更好。

然而，就表現而言，監控心率與速度的跑者，平均比聽音樂的跑者快了一分四十七秒。對於跑步這種分秒必爭的競賽項目來說，差距十分明顯！

地點對於表現的影響也讓人玩味。雖然受試者在跑步機上的五公里成績，跑得比室內跑道（三分四十六秒）與戶外跑道（四分兩秒）都來得慢，但在跑步機上跑步感覺最困難。這可能是因為跑步機上缺乏心理刺激與分心的緣故。在這個情境下，運動員可能只注意到跑步有多困難。相較之下，在戶外跑步時感覺最輕鬆。

研究者得出的結論是，定期監控身體感覺，並將速度調整到與自己的能力相一致時，可以表現得更好。反過來說，如果不理會身體感覺，會導致速度變慢，但有助於讓活動過程較愉快。事實上，我們的注意力很重要，**若我們尋求的是最佳表現，那麼擁有有效集中注意力的心理技巧至關重要**。

我們都可以從這些對運動員的研究結果中受益，並學習如何像成功運動員一樣保持專注。注意力不集中不僅會影響運動表現，也是交通事故產生的主要原因之一。分散注意力，像是使用手機，所帶來的危險眾所皆知。二〇〇八年的一項研究顯示，在開車的時候避免接手機，有機會減少二二%，也就是一百三十萬起交通事故。[9]

但手機並不是唯一會讓駕駛分心的東西，不專心的大腦也可能是分心的來源。雖然在運動的時候分心可能會讓人愉快，但波爾多大學附設醫院做的一項關於車禍事故的研究發現，開車時駕駛人會受到自己的思緒干擾。[10]該項實驗對九百多名車禍患者進行研究，評估這些患者是否對導致他人住院有責任（四百五十三名住院），研究人員請受試者描述他們在意外發生之前在想些什麼。

研究發現，駕駛人如果想著讓人高度分心的內容，導致車禍的機率是沒有分心的人的兩倍。車禍的危險因子包括使用手機、酒後駕車以及睡眠不足。駕駛人自己的想法，已被視為新的危險因子。

學著像運動員一樣思考也有幫助。研究人員提出一些介入措施，讓他們保持專注，或者在短暫分心後重新專注。其中一項技巧是正念，很多運動員已練習多年，因此技巧十分純熟。

專注於當下

正念（mindfulness）是一種可訓練的注意力集中技巧。**當我們保持正念時，我們會注意到自己的想法與感受，或者外在的干擾，但不以任何方式去評斷或對它們做出反應。**雖然我們有感知到這些，但透過正念我們會跟它們保持距離，專注於當下與任務相關的資訊上。

二〇一九年美國網球公開賽決賽就有個運動員堅持任務並避免分心的好例子。當時十九歲的加拿大選手比安卡・安德里斯庫（Bianca Andreescu）在她第一場大滿貫決賽中對上賽前呼聲最高的小威廉絲。那場比賽有兩萬三千名歡欣鼓舞的觀眾，期盼小威廉絲能追平瑪格麗特・考特（Margaret Court）二十四個大滿貫的紀錄。面臨這種情況與強勁的對手，安德里斯庫仍然有紀律地保持專注，直落二以六比三、七比五贏得勝利。在賽後訪問中，安德里斯庫回憶她是如何奪下生涯首座大滿貫的：

> 我很佩服觀眾可以發出這麼大的聲音，這很瘋狂，但我很高興能見證這一切，這讓這場比賽如此特別。在那個時候，你只能專注在你能控制的事情上，也就是我自己的態度。我保持鎮定，我認為這是我能獲勝的關鍵。[11]

那麼你要如何學會用這樣的方式思考？你要如何保持專注，避免分心的危險呢？其實你在前一章就已經學到一些技巧了，史考特在他四小時跑步中使用的「五四三二一法」，就是一種可用來集中注意力的正念策略。現在已經發展出許多正念介入的方法，來提高運動員的專注力。我簡單介紹其中一種，也就是**正念—接納—承諾**（mindfulness-acceptance-commitment，MAC）。[12]

MAC的第一階段，旨在傳授並解釋正念是什麼。**透過討論最好與最糟的表現，幫助個人了解他們對想法、感受或外在事件的反應，是如何影響到自己的表現**。

你現在也可以回想一下自己最好與最糟的時刻，不管是在什麼樣的情境下。當你有最佳表現的時候，你關注的焦點在什麼地方？你的想法與感受是什麼？你是如何回應它們的？在那一刻，你的反應是有幫助還是沒有幫助？

接著，可以用一樣的方式去回顧你最糟的表現。你可能會發現你在表現較差的時候，你關注在不同的焦點上，或者你對想法與感受做出不一樣的回應。事實上，就如同我們在第二章提到的，情況並沒有好壞之分，重要的是你的想法與你對事情的反應。理解這一點相當重要。

透過這樣的反思，你就能確定你應該關注與任務有關的線索，以及哪些讓人分心的想法與反應可能會干擾你的表現。安德里斯庫關注的正是與任務相關的線索，她提到「你只能專注在你能控制的事情上」。但如果你不知道這些線索是什麼，也不用擔心。本章後面將提供你識別它們的工具。

MAC的第二階段，是練習自我觀察的技巧。**這個階段幫助我們更意識到自己是在什麼時候被不相干的想法分心**。

在這個階段，可以用天空與天氣的譬喻來區分我們自己與我們的想法。[13]在這個譬喻當中，我們所觀察的自己是天空，而我們的想法與感受是天氣。天氣跟我們的想法與感受一樣，有時很好，但有時可能出現風暴。而這些天氣就跟我們的想法與感受一樣，來來去去的。不管天氣如何變化，天空都不會改變，雖然有時被隱藏起來，但永遠存在。

換句話說，我們自己並不是我們的想法與感受。這是正念意識與專注的本質。透過練習自我觀察，我們可以更加了解自己在各種日常情況下的想法與感受，並將焦點放在特定時刻應該專注的事情上。

一旦我們發展出正念意識和專注技巧，第三階段就是要練習非評斷性和非反應性的接納。這個階段的主要目的，是**幫助我們將自己的想法與隨之而來的感受分開**。

舉例來說，在比賽、考試或面試之前，你或許會覺得「我可能會搞砸」。這樣的想法可能導致焦慮或驚慌失措。在上一章，我們介紹了重新評估的工具來改變這種沒用的想法。你可以重新評估這個情況，認為「我準備充分，都已經準備好了」。重新評估有助於降低焦慮感，但這並不總是容易做到。在某些情況中，你可能會發現很難去挑戰或改變沒用的想法。

正念採取的是不同方法。與其試圖改變沒用的想法，**正念接納意味著我們觀察並充分體驗這些想法與隨之而來的感受。接納這些想法，並理解它們就像是掠過天空的浮雲，有時候會比奮力抵抗來得輕鬆**。

有助於解釋正念接納的第二個譬喻是「泳池中的球」。試著控制沒用的想法，就像是試圖在泳池裡把球往下壓。不管我們多努力，那顆球就像沒用的想法一樣，在我們放手後就會回到水面。更糟的是，要把球壓在水面下，就像試著壓抑我們不想要的想法，讓人精疲力竭。接納意味著我們放棄徒勞無功的努力，讓球浮在水面上。它可能離我們很近，讓我們覺得不舒服。但就像天空中的烏雲，球和我們不想要的想法與不愉快的感受，最後都會散去。

「我可能會搞砸」只是一個想法；「我今晚可能會中樂透」也只是一個想法。雖然這兩種想法差別很大，但如果我們專注於這些想法，兩者都會分散我們的注意力或改變我們的情緒。**正念的關鍵在於意識到並接受這些都只是想法而已**。當你讀著本書並重新集中專注力時，這兩種想法可能在你讀完這頁後就煙消雲散。

一旦我們培養了正念意識、專注力與接納的技巧，最後一個階段就是要把這些技巧用在訓練、比賽與日常生活中。安德里斯庫在贏得美網公開賽的六個月前在訪問中提到，要精進這些技巧可能需要很多年，但這些技巧可以成為我們心理工具箱的有效加分項目，她說：

> 母親在我很小的時候就教我正念，我可能才十二歲吧，我不只練習體能，也

鍛鍊心智，因為這也非常非常重要。這在比賽時發揮了作用，我比賽的大多數時候都能專注於當下。我不喜歡專注在已發生的事，或者去想未來。[14]

研究支持正念練習在運動或非運動方面的益處。有一項針對BMX車手的研究發現，經過七週的正念訓練後，這些車手能更有意識地辨認並描述他們的感受與身體感覺[15]，這些改變與負責解釋和處理身體感覺訊息的大腦區域的活動相符合。雖然這項研究只有七名受試者，也沒有對照組能夠比較結果，但研究結果表明，正念訓練可以讓運動員更加了解如何去思考和應對挑戰。

在最極端和壓力最大的情境中接受訓練的人，也有類似的成果。二〇一四年的一項研究發現，對一群美國海軍陸戰隊進行八週正念訓練課程後，他們獲得正向的收穫。[16]這項計畫旨在培養專注力，並更加接納和忍受身體上的疼痛、痛苦的想法、強烈的情緒與惡劣的環境。

在八週課程結束之後，接受正念訓練的組別與沒有接受訓練的對照組，都完成了一項軍事作戰演練，研究人員記錄了一些壓力指標，像是心率、呼吸頻率，以及血液中Y的濃度，這是身體對壓力反應的重要指標。接受過正念訓練的組別在緊張的軍事演練後，能夠更快地恢復。他們的心率和呼吸頻率能更快恢復到休息時的水平，血液中的神經肽Y濃度也更低。大腦斷層掃描發現，接受正念訓練的人對壓力反應較不激烈，較能夠消化情緒訊息。整體來說，這些結果表明，正念訓練能有效提升海軍陸戰隊在戰鬥情境的應對能力。

正念訓練的另一個好處是可以增加**心流**（flow）體驗，這是一種罕見的「最佳狀態」（in the zone）時刻，也就是我們感覺自己的能力進入巔峰。[17]一項對澳洲九十二名運動員所做的研究發現，在正念方面得分較高的人，在心流方面的分數也較高，包含了能夠專注於眼前的任務、在表現過程中掌握度更佳。[18]同樣的，愛爾蘭都柏林大學對頂尖運動員的研究顯示，六週的正念訓練之後，運動員控制自己注意力的能力（一種心流的元素）明顯進步。[19]

雖然這些研究發現看似理所當然，但其意涵深遠。這些研究顯示出，**通常我們認為很神奇不知為何就這麼發生的最佳狀態，其實比我們原本以為的更能控制。**

在最佳狀態中

想像一個不管是工作或休閒時的經驗，你全神貫注於你正在做的事情上，忘了時間，完全沒有注意到旁邊的人或讓人分心的東西。你的動作好像毫不費力就自動進行著，就好像樂團的指揮，你完全控制你所做的一切。

如果你曾經有過這樣的時刻，恭喜你！你經歷過心流。你可能會認為這是你擁有過最享受、最有收穫的經歷之一。你會記得它，是因為這是一個很罕見、幾乎一生只有一次的事，你會希望能再度經歷這種時刻。入選十八次NBA全明星賽、五座NBA總冠軍，洛杉磯湖人隊的柯比・布萊恩（Kobe Bryant）是這麼描述的：

> 當你進入到最佳狀態時，你會擁有絕佳的自信，知道你正進入狀態。事情好像慢了下來，一切都變慢了，而你有無比的自信。你必須試著繼續保持當下的狀態，不要讓任何事情破壞這種節奏。當你進入最佳狀態之後，就只是待在那裡，對於周遭發生的事情完全無感。你不會去管周圍的環境，或是觀眾或隊友在做什麼，你只是沉浸在其中。[20]

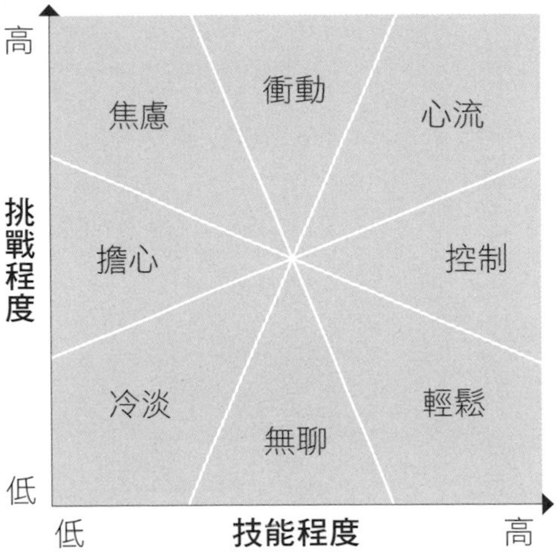

｜心流狀態圖｜

他對於這種投入的描述，跟我們在本章提到的很多內容相呼應。第一位研究心流的學者是芝加哥大學的教授米哈里・契克森米哈伊（Mihaly Csikszentmihalyi）。他將心流描述為一種最佳體驗，以一種深度、毫不費力的專注，沉浸在任務中的狀態。對我們來說重要的是，契克森米哈伊還提出了心流發生所必需的三個條件。[21]

我們在第一章提過前兩個條件，就是**建立清楚的短期目標，以及在過程中可以獲得即刻的回饋**。第三個條件則是，**在挑戰的情境與你現有的技能之間取得平衡**。當我們遇到一項有挑戰的情況，而我們的技能足以應對這個挑戰時，才會發生心流。這個技能包含了我們在本書中提到的心理資源與技巧。

上頁的圖視覺化了從低到高的挑戰與技能平衡。[22]在圖的下方，我們將技能程度從低排到高。你對自己技能程度的認知，可能是基於本書開頭介紹的優勢報告中給自己的評分。

挑戰程度則是從下到上越來越難。心流出現於右上角，也就是高度技能碰到高度挑戰的時候。

但這個平衡很脆弱。如果對我們現有的技能來說，挑戰過於困難，我們會覺得擔心或焦慮。在右下角，如果對我們現有的技能來說，挑戰較低，我們覺得很輕鬆。但這是我們的舒適圈，在這裡我們也會感到無聊。為了達到心流，我們必須跨出舒適圈。這意味著隨著技能程度的提高，我們將挑戰更加嚴格的測試，或是我們必須去提升自己的技能，以迎接更嚴峻的挑戰。

你在狀態內了嗎？

雖然對心流的研究已經超過四十年，但直到最近我們才開始對運動員的心流狀態有更細微的了解。最近對各項運動所做的研究指出，我們在表現最好的時刻，會經歷兩種最佳狀態。除了傳統的心流外，還有另一種較費力的**抓緊狀態**（clutch）。**心流與抓緊狀態的差別在於「任其發生」**（letting it happen）與**「使它發生」**（making it happen）。我們開始了解到，成功的運動員在不同的狀態中會運用不同的心理策略。

最先區分這兩種巔峰表現狀態的研究，是在二〇一六年對十名職業高爾夫球選手所做的研究。[23]主要作者克里斯安・史旺（Christian Swann）參加了十一場高爾夫錦標賽，並邀請表現出色的選手做訪談。

那些提到「任其發生」的選手，所描述的是很典型的心流體驗。但抓緊狀態的體驗就不一樣了。相較於「任其發生」，選手意識到自己正處於需要有最佳表現的高壓情況時，才會出現「使它發生」。為了迎接挑戰，選手會設定表現目標，像是達到某個分數，然後有意識地努力去達成目標。雖然在比賽完會很興奮和滿足，但抓緊狀態也讓人精神疲憊。他們覺得自己好像使出渾身解數，並使用工具箱中的所有工具盡可能地提高表現。有一名高爾夫選手提到他的抓緊狀態，從他的描述中你能指出他用了哪些心理工具嗎？

> 我會想：「來吧！就只要先打出這段距離就好，一次一桿，專注在當下，你做得到，放輕鬆，冷靜下來，深呼吸，不要想太多，只要揮出一桿，打吧，你做

得到。」

這些關於心流與抓緊狀態的描述，提供我們如何管理這些狀態的寶貴線索。具體來說，知道運動員在表現最佳期間使用的心理策略，我們就能用自己擁有的工具來盡可能保持心流與抓緊狀態。雖然如何進入心流還有待更多的研究，但我們從與運動員的訪談中可得知，最好不要去想要如何「保持最佳狀態」，而是多思考一開始要如何「進入正確狀態」。

進入狀態

心流與抓緊狀態似乎是遵循不同路線。[24]心流出現於一項正向經驗後，讓我們知道自己在身體上與心理上都處於良好的狀態。當一切進行得很順利時，這種正向的回饋會建立出自信。在這樣的時刻，我們會挑戰自己，嘗試更難的事物，設定開放目標（如第一章所述），看看自己能做到多好。

有趣的是，**正向的分心可以幫助我們管理和維持這些心流狀態**。負面的分心會以不相干的雜訊轉移我們的注意力，而正向的分心能幫我們排除那些可能干擾心流的分析性或批判性想法。就像布萊恩說的：「你必須試著繼續保持當下的狀態，不要讓任何事情破壞這種節奏。」

另一方面，抓緊狀態發生於當運動員意識到他們正處於生死一瞬間，比賽結果懸而未決的情況時。在這種時刻，運動員會使用不同的心理工具來發揮出最佳表現。這些工具包括設定固定目標、使用放鬆技巧，以及指導性或激勵性自我對話。

到現在為止，我們有越來越多證據顯示，如同在前言中所提到的，運動員的思考方式，比運動電影中「吃得苦中苦，方為人上人」的陳腔濫調還要細緻許多。成功的運動員會靈活運用本書到目前為止所介紹的工具，包括設定目標、若則計畫、重新評估、放鬆呼吸以及正念，來幫助他們穩定在當下。無論你處在什麼情況下，學習這些技巧也能幫你做出最佳表現。但在本章最後幾頁，我們還可以再將一些工具加進我們越來越豐富的工具箱中。

⊙專注於可控制的事

在本章稍早，我們承諾會提供一項工具幫助你專注在你能控制的事情上。第一步，就是**思考在各種情況下，你可以控制什麼以及無法控制什麼**。最重要的一點，就是要專注在你最能夠控制的事情上，就像安德里斯庫在二〇一九年美網公開賽的關鍵時刻所做的那樣。

標出控制地圖，是一項幫助你區分可控制與不可控制因素的工具。[25]要完成標出控制地圖的練習，只需將頁面分成兩欄，如下表所示。在第一欄列出在某個情況中所有你可以控制的事情，也包括你可以影響的事情。所有你無法控制的事情則寫在另一欄。

如果你正在進行一場大型網球錦標賽決賽，比賽正趨白熱化，就像安德里斯庫的那場比賽，你能控制的事情是什麼呢？相反的，有哪些是在你的控制之外呢？我們在以下表格列了一些範例，你可能還能想到更多。

—標出控制地圖—

可控制／可影響	不可控制
我的心理狀態	觀眾的行為
我的專注與注意力	比賽的重要性
我的努力程度	比賽的場地
我的計畫（包括若則計畫）	天氣狀況

無法控制的事情包括觀眾的行為、比賽的重要性、比賽的場地以及天氣狀況。然而，我們往往會關注這些事，去擔心它們，讓自己從更重要的事上分心。雖然認識到這些變數很有幫助，但有必要用不同方式去評估它們，也就是去接受我們對這些事無能為力。換句話說，**如果我們改變不了它們的話，那為什麼要耗費心力去擔心呢？**

你可以控制或至少可利用心理工具去影響的事情，包括你的心理狀態（像是你有多冷靜）、你專注於什麼、你努力的程度，以及你應對挑戰的計畫（如第一章馬霍姆斯與菲爾普斯所示範的）。[26]在活動開始之前，你的準備工作也在你可以控制的範圍內，這不只包括身體上的準備，還包括練習你所學到的心理技巧，像是重新評估、放鬆和專注。

我們不應低估關注這些可控過程的重要性。研究顯示，**透過專注在可控制的行動來獲得更多的控制感，可以影響隨後會經歷到的情緒**。較大程度的控制感，有助於產生興奮和心流等正向狀態，因為我們更有可能將這個情況視為自己有能力應對的挑戰。[27]相反的，如果專注在那些無法控制的事情上，你的控制感就較少，這會導致一些沒用的反應，像是焦慮與擔心，因為我們更有可能將這個情況視為超出自己能力的威脅。

建立例行公事

發展出良好的例行公事也能幫助你集中注意力。成功的運動員通常會使用兩種例行公事：上場前的例行公事與上場後的例行公事。

上場前的例行公事，包括運動員在執行一項技能前會進行的思考與行為。[28]**上場前的**

例行公事能幫助我們避免分心，發展出與眼前的任務相關的集中力。一個好的上場前例行公事包括三個階段：準備、想像與聚焦。[29]

準備包括將你的想法與情緒調整到最佳狀態。高爾夫球選手可能會在揮桿之前深呼吸，讓自己冷靜下來和釋放壓力。**想像**包括將你的最佳表現視覺化。高爾夫球選手可能會想像球會打向他想要的位置。最後是**聚焦**，高爾夫球選手可能會將注意力放在某個外在物品，像是球上的一點，或者某一組觸發詞語（本章稍後會提到），這有助於阻止沒用的想法或干擾。

無論是運動、考試或其他情境，制定自己上場前的例行公事，有助於提升專注力。但有幾點需要注意。首先，例行公事應該是隨個人需求靈活調整。你可以嘗試哪些方法最適合你，並根據情況來做調整。舉例來說，有時候運動員會根據任務的難易度，來加快或放慢他們的例行公事。

其次，例行公事必須定期檢視和修正。我們如果持續使用同樣的例行公事，意味著我們會熟悉這個過程，因此就更容易分心。例行公事必須有新鮮感才有幫助。

上場後或失誤後的例行公事也同樣重要。對運動員來說，**上場後的例行公事幫助他們將注意力從沉思的想法中轉移開，並在失誤後能管理情緒。**例如老虎・伍茲（Tiger

Woods）替自己訂的一個規則是，每當他打出不滿意的一桿，他會忘了這一桿，在球道上走十步後重新集中注意力。[30]

有一項訪談高爾夫球選手的研究指出，一個良好的上場後例行公事是花點時間對於擊球過程和結果做評估。[31]在這個簡短的評估後，選手能轉移自己的注意力並調整情緒，特別是在失誤之後。他們可能會透過跟桿弟聊天、看看四周環境，或是喝一點水來暫時分散自己的注意力。這樣做能幫他們釐清思緒，在下一桿前更有效地重新集中注意力。一位選手這樣描述他上場後的例行公事：

> 我打完一桿後，會進入到中立、反省的狀態，去評估過程與結果。當我把球桿放進袋子裡，離開那個區域後，就完全不會再去想了，我會享受比賽的過程。

使用觸發詞語

最後一項策略則是你對自己說的話，這也能夠幫你集中注意力、克服分心，並在需要時重新找回注意力。

我們可能每天都在使用這個策略，但沒有意識到。例如諾爾從駕駛教練那邊學到的「鏡子、號誌、動作」口訣，讓他能專注於保持行車安全的重要行動。

英格蘭橄欖球代表隊在二〇〇三年世界盃冠軍賽時，就利用了這些技巧而獲得勝利，他們創造出「橫桿、邊線、橫桿」的口號。重複這個口號有助於讓球員在緊要關頭、可能有得分機會時，專注在球場的區域上，因此比較不容易被無關的想法或事件分心。[32]

觸發詞不只能幫助我們集中專注力，也能描繪出我們在特定的時候想要什麼樣的感受。諾爾對運動員使用的一個詞語是「冷靜、自信、控制」。得過五次ＮＢＡ總冠軍的史帝夫・柯爾（Steve Kerr）也採用類似的策略，他自認為會過度思考，常常在想沒投中的球。他在鞋子上寫下ＦＩ。那是「Fuck it」（管他的）的縮寫，是他讓自己放下負面想法、不讓自己分心的提醒。你可以把這想成有態度的正念接納！而且這似乎的確對柯爾有所幫助。他在生涯早期曾經有多次投籃失誤，在一九九七年ＮＢＡ總決賽第六場他為芝加哥公牛隊投進了奪冠的那一球後，將ＦＩ寫在鞋子上。[33]

這個例子將我們帶往下一個技巧，這也是使運動員表現出色的關鍵。柯爾的軼事讓我們了解到，**改變你對自己所說的話，可能對你接下來的感受與表現有強大的影響。**

Chapter 04 對自己喊話
自我對話的工具

馬拉松選手梅博・柯非斯基（Meb Keflezighi）在二〇一二年奧運馬拉松進行一半的時候，就打算要棄賽了。

讓他想棄賽的理由有很多。倫敦路上的鵝卵石讓他長期的腳痛變得更嚴重，而因為腳痛，他跑步的姿態變得不穩，導致肌腱緊繃。他在前一個補給站拿到的是隊友萊恩・霍爾（Ryan Hall）的水瓶，而不是自己的。柯非斯基把水瓶遞給霍爾，霍爾卻把水瓶遞回給他。他平常不在比賽時喝沒喝過的飲料，但在那個潮濕的夏天早上，柯非斯基知道他需要補充一點水分，所以他打破自己的原則，但霍爾的飲料並不適合他。他的肚子疼了起來，也在比賽中落後了。跑到一半的時候，這位二〇〇四年奧運銀牌得主已經掉到第二十一名。

「我應該棄賽，」柯非斯基對自己說。「我的腳在痛，我每跑一里路就落後更多，覺得自己好像快生病了。我不到三個月後還要跑紐約市馬拉松，應該要留一點體力給那一場比賽。」

柯非斯基看著自己身上穿的背心，胸前寫著美國，心想：「有好多人想穿上這件背心，他們都想站在這個位置上。」柯非斯基也想起他在贏得美國奧運選拔賽後，告訴大家美國將派一支強勁的隊伍去參加奧運。「話都說了，如果棄賽了，不是很難看嗎？」他問自己。最後，柯非斯基想到那些為了看他比賽而飛到倫敦的親朋好友，正在終點等著他，特別是他年幼的女兒們。「棄賽能給她們樹立什麼好榜樣呢？」他問自己。

忖度片刻後，柯非斯基告訴自己：「無論如何你都要跑到終點。」

接下來發生的事讓人嘖嘖稱奇。柯非斯基憑藉多年的比賽經驗，開始跟著最近的一群人跑，因為他知道在馬拉松下半場，跟著別人跑會比較容易。在他的焦慮與肚子痛舒緩了一些之後，他好勝的本能就開始發揮了。他告訴自己「至少要跑贏這些人中的其中一個」，於是他從第二十一名跑到了第二十名、第十九名、第十六名，漸漸把其他跑者拋在後頭。很快的，這群人之中就剩一名日本選手跟他跑在最前面。

大約剩三英里的時候，柯非斯基看到他多年的教練，鮑柏・拉森（Bob Larsen）比出五的手勢，柯非斯基知道這代表如果他跑贏日本選手，他就是第五名。他跟在這個身高比他高的選手後面，在不到一英里內的距離追過他。他慶幸自己回到第五名的位子。然後柯非斯基看到前面巴西選手所穿的黃綠背心。「那是第四名，如果前三名有人沒通過賽後藥檢，第四名就能拿獎牌，追上他。」他告訴自己。在剩不到六百公尺的距離下，柯非斯基跑贏了巴西選手，在差點棄賽的一小時後獲得第四名。

這樣的成果，讓三十七歲的柯非斯基有了自信，知道自己仍然能跟頂尖世界好手一較長短。他在一年半之後的二〇一四年波士頓馬拉松又證明了一次。在這兩次比賽中，柯非斯基的自我對話，跟他所做的體能訓練一樣，都是他能成功的必備要素。

自我對話

柯非斯基二〇一二年奧運馬拉松的經驗表明，**我們對自己說的話可以改變我們在任何情況下的感受與表現**。像運動員一樣思考，並不總是意味著正向、樂觀或專注。事實上正好相反。就像我們在前面幾章所看到的，像運動員一樣思考通常代表要經歷一些負面想法，像是「如果我表現不佳怎麼辦」或「如果我搞砸了怎麼辦」，柯非斯基的經驗也告訴我們，即使最成功的運動員也會注意力不集中、失誤，或有內在聲音告訴自己要放棄。

但成功的運動員懂得如何回應這種內在聲音，並運用一系列的心理策略來應對。柯非斯基在二〇一二年的奧運馬拉松就想到自己代表國家、重新評估狀況，以及提醒自己在奧運出賽對他和親朋好友所代表的意義。其他運動員也採用了類似方法，在二〇一九年拿下兩百公尺世界冠軍的英國短跑選手迪那・艾雪—史密斯（Dina Asher-Smith）說過以下的話：

> 在比賽之前，你不要去想負面的想法。不要去想自己做不好或哪裡會出錯，因為你不希望你所想的或說的話成真，所以你要一直去正向思考，去想你應該怎麼做、你所接受的訓練，以及你能跑得多棒。[1]

重新評估和正念接納等技巧，能幫助我們度過自我懷疑的時刻。但學習這些技巧需要時間，在我們技巧純熟之前，面對具挑戰性的時刻可能很困難。在諾爾的一項研究中，證明了運動新手很容易會出現負面想法。

我一開始呼吸就不順暢，我全神貫注於呼吸上，但我做不到。我花了好幾個星期調節呼吸，我對自己說我為什麼要做這些？我為什麼得忍受這個？我討厭它，我討厭跑步！我為什麼要跑步呢？[2]

不只是運動員會經歷到內在掙扎，我們有時也會對自己說一些負面的想法。許多人每天都在跟內在的想法角力。在考試中遇到困難數學題的學生可能會想：「我解不出來，我一直都討厭數學，我數學就是很爛，放棄好了。」或是在工作面試或上台演講之前，你可能會想：「我不知道要講什麼，大家會發現我一竅不通，我可以直接走人嗎？」

因此，讓我們來更深入地了解自己的內在聲音，並探討我們該如何應對這些經常在困難時刻會出現的懷疑。首先，我們先看看這些想法是什麼，以及它們來自哪裡。

自我對話到底是什麼？

心理學家稱這些我們對自己說的話為**自我對話**（self-talk）。很多時候，我們的自我對話是相對自動的，包括自發的和目標導向的語句。[3]自發的自我對話可能是正向的，像是

「你做得很棒！」不過就如同我們在前兩章所看到的，在遇到困難或充滿壓力的情況下，這些對話也可能是負面和情緒化的。在這些時刻，我們會無意識地對自己說「我做不到」。這些自動出現的語句可能是沒有幫助的，導致我們表現不佳甚至放棄。到目前為止，本書已經提供了許多工具幫你應對沒用的想法。在這一章中，我們要再提供你一項工具來增強你的心理力量。

去重複陳述有幫助的、目標導向的想法，能幫助我們在任務上取得進展、控制情緒，最終取得更好的表現。舉例來說，有一名跑者可能在上坡時遇到挫折，但他重複激勵性的語句，像是「我做得到，我之前成功過」，他繼續跑的機率會比對自己說「我為什麼在做這個？我討厭它，我討厭跑步！」的人來得高。同樣的，負面的自我對話會使應徵者覺得「我不知道我在講什麼，大家最終會發現我什麼都不懂，我可以直接閃人嗎？」

使用更正向和鼓勵的陳述，像是「我做得到」，跟負面的說法，像是「我做不到」相比，更能夠激勵跑者，也能讓應徵者表現得更好。那麼我們能向運動員的自我對話中學到什麼，來幫助我們克服生活中的困難和壓力呢？

⊙自我對話如何有效幫助運動員？

對運動員來說，自我對話可分為激勵性的或指導性的。**激勵性自我對話**（也稱為正向自我對話）有許多功能，可用來提升我們的力量（我要全力以赴），或建立信念與自信（我做得到）。**指導性自我對話**則涉及暗示與觸發詞。像是上一章提過的「鏡子、號誌、動作」與「橫桿、邊線、橫桿」口號，這類自我對話可以幫助我們保持專注。

我們的自我對話大多是在腦海中無聲地進行，但在某些情況下，我們會大聲對自己說出來。有些例子能讓我們了解為何有些運動員會喋喋不休。YouTube上有一個熱門影片，是NFL球員的自我對話，一開始先是外接手藍道爾．柯布（Randall Cobb）的獨白，然後是對綠灣包裝工隊友的喊話：[4]

你們想成為什麼樣的人？你們想要成為好的還是最棒的？你們希望大家如何記得你？我想要被記得！勇氣、驕傲、決心！你是誰？上吧！

影片後面，我們聽到柯布在上場前用來提高注意力與集中精神的指導性話語：「保持專注，保持鎖定！」

越來越多研究指出激勵性和指導性自我對話有助於提升表現。英國威爾斯班戈大學的一項研究，要求二十四名受過訓練的業餘自行車手以八〇%的峰值功率（peak power）盡可能地騎，總共測試兩次，稱為「維持運動時間測試」（time-to-exhaustion trial）。[5] 這是一項耗體力的活動，我們大多數人應該騎十分鐘就不行了。

在第一次測試時，二十四名受試者沒有得到特別的指示或鼓勵，只是盡可能地騎得越久越好。在兩週後的第二次測試之前，其中十二名受試者被教導在任務中使用激勵性自我對話。這些受試者在第一次測試後，參加了一堂三十分鐘的自我對話課程，找出四組對個人有意義的激勵話語，這些語句將在騎車過程中對他們有所幫助。像是在騎到一半的時候，如果覺得自己狀況很好，可以重複一些像是「你做得很好！」或「騎得很棒！」這樣的句子。

當騎到後面覺得比較累的時候，他們可以使用更鼓舞人心的話語，像是「再多出一點力！」。在他們接受第二次測試之前，這十二名受試者在自己的日常訓練中，練習和發展出更適合自己的激勵話語。另外十二名受試者則照一般正常訓練進行。

第二次測試的結果顯示，自我對話那組騎的時間平均增加了一八%，第二次騎的時間比第一次長了近兩分鐘。那些沒有自我對話的組別在第二次時則表現得較差，儘管不是很明顯，但平均比第一次少了十二秒。

這些發現表明，**我們在充滿挑戰的時刻對自己所說的話，會對表現產生很大的影響**。但在困難的時候，要保持激勵的內在聲音並不是件容易的事。我們通常會經歷到某些心理上的危機。在這些自我懷疑的時刻，我們可能會考量繼續進行的成本（像是我們所做的犧牲），或者停止和放棄的好處（像是我們可以把時間用來做些更愉快的事）。

就像柯非斯基在二〇一二年奧運馬拉松所經歷的，這些危機也會影響到運動員。一項對馬拉松選手進行的兩階段研究發現，在二六．二英里的比賽中，許多人在跑到二十英里左右時心理壓力會來到最高峰。[6]研究的第一階段發現，如果跑者在二十英里時出現越多負面想法，其完賽時間就越久。這並不讓人意外。

在這項研究的第二階段，讓五十五名跑者接受自我對話訓練，在經歷危機的時刻對自己說諸如「繼續保持，不要放棄」、「保持冷靜、你做得到」，以及「如果我能跑完，我會感到很驕傲」等激勵話語。另外五十五名跑者則沒有接受自我對話訓練。研究發現，同樣在經歷心理危機時，有透過自我對話來對抗負面想法的人能更快跑完。

這裡的一個重點是，接受自我對話訓練的跑者仍然會有負面想法。事實上，兩組人都經歷過類似的想法，像是繼續努力所花的成本以及放棄的好處。但是在充滿挑戰的時刻，這些激勵話語提供了緩衝效果，有助於提高表現。

這些發現與其他有關運動員自我對話的研究結果一致。許多證據顯示，激勵性和指導性的自我對話有助於提高運動表現。[7]

有趣的是，負面的自我對話雖然通常沒什麼幫助，但對運動表現不一定總是有負面影響。[8]這可能是因為有時我們會將負面自我對話當成是一種激勵。例如告訴自己「還不夠好」，可能會激勵我們下次更努力。這樣看來，**最重要的是我們怎麼看待自我對話**。**如果把它視為激勵，就可能會對表現有幫助**。[9]反之，如果將負面自我對話解釋為令人沮喪和洩氣，就不大可能讓我們的感覺或表現變得更好。

改變沒用的自我對話是非常重要的。加拿大新布倫瑞克大學的一項研究表示，把負面自我對話轉變為正向或激勵的自我對話非常重要。[10]研究人員把九十三名受試者依照預估的最大攝氧量來配對，再將他們隨機分成四個自我對話的組別，分別是負面自我對話組、激勵自我對話組、挑戰自我對話組與中立自我對話組。接著，所有受試者完成二十分鐘的自行車計時賽，並被要求騎得越遠越好。

在計時賽前半小時，每一組受試者都要創建個人化的自我對話語句，並在艱難的騎乘中重複這些語句。負面自我對話組要重複那些在遇到困難時會對自己說的話，像是「我的腿好痠」，而激勵自我對話組則使用像是「堅持下去」之類的話。

這個研究的特別之處在於挑戰自我對話組使用的話語。這些人被教導去承認內在的負面聲音，但要用另一個句子來將負面聲音視為挑戰，像是「我的腿好痠，但我可以撐過去」。中立自我對話組則是對照組，重複一些既不負面，也不激勵或挑戰的句子，像是「自行車是紅色的」。

在二十分鐘的計時賽中，每五分鐘會分析一次受試者的表現。在最後的五分鐘，也就是受試者最累的時候，通常這時會想要騎得更快好結束比賽。結果發現挑戰自我對話組的表現最佳。在最後五分鐘內，這組明顯騎得更遠，比負面自我對話組多騎了兩百公尺。負面自我對話組也不意外的成了四組當中成績墊底、距離最短的一組。

研究者下了一個結論，挑戰自我對話，可能有助於受試者認知到內在的負面聲音，接受它而非試圖壓制它，因而能專注在眼前的挑戰。因此，相對於負面自我對話組，挑戰自我對話組把這種情況視為挑戰而非威脅，因此有助於提高表現。

在YouTube上有一支影片，能看到從負面自我對話轉移到激勵和挑戰自我對話的真實例子。[11]德國網球好手湯米・哈斯（Tommy Haas）在二〇〇七年澳洲網球公開賽的八強賽時，打了一球觸網球，讓對手尼可萊・達維登科（Nikolay Davydenko）有了發球機會，他在比賽的間隙就念了自己一番。不過我們可以注意，他的負面自我對話很快就變成了指導性和激勵性自我對話。他是這樣對自己說的：

> 哈斯，你這種方式沒辦法贏球！不是這樣打的，這樣不對。打得太弱了。犯太多錯了，犯太多錯。老是這樣，我簡直沒有衝勁打球了。我厭煩到極點。我到底是花時間在這件事幹嘛呢？為了什麼？為誰而打？除了為我自己！為了什麼？為了什麼理由呢？我做不到，我不明白，我付錢請人是為了什麼，一點幫助都沒有。（喝一口水）是要讓我因此生氣嗎？你真是個白癡！你又沒有打好這個球，但你會贏的！你會贏得這場比賽！加油！你不能輸！加油加油加油加油！

影片接著可以看到哈斯贏得達維登科發球的下一局。事實上，哈斯最後以三比二獲勝，晉級四強賽。

很有趣的是，哈斯的自我對話是從稱呼自己的名字（哈斯，你這種方式沒辦法贏球），轉變為以第一人稱對自己說話（我厭煩到極點、我做不到），到最後以第二人稱稱呼自己（你又沒有打好這個球……加油！你不能輸！）。在比賽重新開始之前，當他使用更多指導性、激勵性或有建設性的自我對話時，他從對自己喊話（我）轉換成像是教練對運動員喊話（你）。

這帶出一個很有趣的問題。目前為止，我們已經看到我們對自己說的話，可以幫助我們應對具有挑戰和壓力的事件。但我們如何建構出這些話，這種細微的變化是不是也很重要呢？

你在對誰講話？

為了深入了解我們對自己說話的方式會帶來什麼影響，之前提到的班戈大學的研究人員做了後續的追蹤研究。[12] 他們讓十六名受試者進行三次十公里的自行車計時賽，在第一次測試時設定受試者的表現基準，讓他們熟悉研究過程。在第一次測試之後，受試者完成了自我對話的課程與練習。在這個過程當中，受試者辨認出他們在第一次測試時自發性的自我對話，並發展出激勵性的自我對話來取代那些無用對話，這些對話會用在接下來兩次的測試中。受試者記錄這些激勵話語的兩個版本，第一個是用第一人稱我開頭，第二個則用第二人稱你開頭。舉例來說，如果受試者在第一次測試中說「這很痛苦」，這句話可以轉換成激勵性的第一人稱及第二人稱的句子，像是「我能忍受這個」、「你能忍受這個」。這些個人化的清單包含了一系列激勵語句，像是「我／你能繼續騎」、「我／你會騎得很棒」。

在後面的兩次測試中，受試者被要求其中一次使用第一人稱的句子，另一次使用第二人稱的句子。研究結果發現，雖然受試者認為「我」與「你」開頭的句子都同樣具激勵作用，但他們在使用第二人稱（你）的時候，比第一人稱（我）的時候快了二・二%（二十三秒）。而且重要的是，使用第二人稱時他們雖然騎得更快，卻沒有感覺比第一人稱那次騎得更費力。

這項研究表明，我們對自己說什麼以及我們如何說都很重要。回想稍早所提到柯非斯基與哈斯的例子，他們兩位一開始是如何使用第一人稱對自己說話的，而當他們說的內容從喪氣轉變成激勵時，他們就以第二人稱稱呼自己。

當我們用第二人稱或自己的名字自我對話時，有助於產生自我距離效應（self-distancing effect），使我們在心理上能與所處的挑戰情境保持距離。保持距離並採用不同的觀點，是一種重新評估的方式，透過這種管道來評估情況，就好像事情是發生在別人身上，而不是發生在自己身上。採用這樣的觀點，可以幫助我們改變情緒反應，進而改變自己在這個情況下的感受。[13]相反的，如果是一種自我沉溺的觀點，就會被困在每一個事件的情緒中。雖然這在運動員的研究當中是一個比較新的領域，但來自非運動領域的研究似乎已證實，與保持第一人稱、自我沉溺的視角相比，採用第二人稱、保持距離的視角，可能更容易改變我們對當下壓力事件的解釋，並且表現得更好。[14]

由密西根大學、密西根州立大學與加州大學柏克萊分校的一組研究人員所做的研究，可以看出一些自我距離的好處。[15]他們研究在社會壓力情境之前、中、後，人們如何以第一人稱，像是「我」或「我的」，與第二人稱，像是「你」或以名字，來調節想法、感受和行為。這些情境包括在曖昧對象面前留下良好的第一印象、進行公開演說或面試，以及回想過去引發焦慮或讓人生氣的事件。

研究發現，跟使用第一人稱自我對話的人相比，使用第二人稱或用名字自稱的人，焦慮程度較低，並能將公開演說等壓力事件視為挑戰而非威脅。事後回想這些事件的時候，他們感受到的憤怒與丟臉程度也比較低。使用第二人稱的人，也主觀認為他們在公開演說或面試時的表現較好。該研究中有個很好的例子，這是一名在約會時感到焦慮的男性所進行的自我對話。如果你也感同身受，你不孤單！

（受試者的名字），你必須慢慢來。這是約會，大家都會緊張。天哪，你為什麼要這樣說？你必須拉回來，加油，振作起來，你做得到。

這些研究證實，除了我們對自己說什麼以外，**我們對自己說話方式的些微改變，也會對我們在壓力事件中管理想法、感受與行為的能力產生很大的影響**。或許這也解釋了為什麼有些運動員要用第三者的角度來稱自己。在自我距離的研究中，研究人員指出這樣的策略對NBA球星勒布朗・詹姆士（LeBron James）的幫助。詹姆士在二〇一〇年時決定離開騎士隊，改替熱火隊效力。他說：「我不想要做出情緒化的決定，我想要做對勒布朗・詹姆士最好的事情，並做能讓勒布朗・詹姆士開心的事。」[16]

⦿ 如何改變你的自我對話

你現在知道你對自己說的話，會對你的想法、感受與行為造成影響，下一步就是了解如何在需要的時候改變你的自我對話。

有許多方法可幫助運動員改變自我對話，正如我們在第二章介紹的重新評估工具，**改變自我對話首先要注意並更加意識到你的自發想法**。一個方法是你可以把自我對話的內容記錄下來，連續記錄一週。你在寫的時候，要回答以下這些重要問題：

- 當事情變困難的時候，我對自己說什麼？
- 有什麼字眼或句子不斷出現呢？它們是負面的還是正向的？
- 我的自我對話讓我感覺如何？
- 我的自我對話是有用還是沒有用呢？

反思你在日記上寫的內容，能讓你注意到內在聲音的影響。這將為你提供一個基礎，讓你改變那些沒用甚至是具破壞性的想法。

許多運動心理學家提倡IMPACT方法，來幫助運動員改變自我對話。[17]在《運動中的耐力表現》（*Endurance Performance in Sport*，暫譯）一書中，運動心理學博士艾立斯特・麥科明克（Alister McCormick）與安東尼斯・哈茲格魯迪亞吉斯（Antonis Hatzigeorgiadis）替從事耐力訓練的運動員建立了IPMPACT方法的六個步驟。[18]我們會簡單描述這些步驟，並舉例說明你如何用這個方法來改變日常生活中沒用的自我對話。

1. Identify 確認你想要達成的是什麼

首先是確定出你想透過自我對話來達成什麼目標。可能是為了在壓力大的情況下表現得更出色、不要再去想你的失誤、增加努力和毅力，或是提高專注於當下的能力。確認你想達成的目標，有助於決定你需要對自己說什麼。

2. Match 讓你的自我對話符合你的需求

根據環境和情況，你的自我對話可能需要更具鼓勵性或激勵性。簡短的句子，像是「你做得到」、「繼續前進，快達成了」，或提醒自己「你以前也成功做過這麼難的事」，都有助於增強你的力量、讓你堅持下去，並相信自己能達成目標。指導性的句子，像是「你必須慢一點」、「保持專注、專心一致」，也有助於讓你專注在可控制的部分。

3. Practice不斷練習自我對話的提示

改變自我對話在一開始時並不容易。如同我們在第一章提到的，不想要的習慣，包括舊的思維方式，都需要花時間才能改變。不過，你越常練習有幫助的自我對話，就越可能在需要的時候拿出來使用。重點是要嘗試說出你的句子，提醒自己要使用它們，並不斷練習。

4. Ascertain確認對你最有效的提示語

注意到你對自己說的話很重要，但你也要注意你的自我對話是否有效。你的句子能夠幫你保持專注、堅持下去或更努力嗎？是否有些句子比別的句子有用？把答案記在日記中會很有幫助。此步驟的重點是保留對你來說有效的句子，刪掉那些不太有效的句子。

同樣重要的是要知道，這可能會隨著時間而改變。以往你覺得很激勵的句子可能因為你的目標或情況已經改變，而變得沒那麼有效了。認知到這一點並改變你使用的句子，有助於確保你的自我對話是有效的。

5. Create創造特定的自我對話計畫

你可以使用第一章介紹的若則計畫來建立你的自我對話計畫。使用一樣的公式，你可以在自我對話變得負面的時候，想出一些可以用上的激勵性和指導性語句。例如：

- 若我需要做簡報，但我很擔心會出錯，**則**我會告訴自己：「我準備得很好，我知道我在講什麼。」
- 若我覺得自己很緊張，在面試或約會時說話太快，**則**我會提醒自己：「你需要慢下來，每個人都會緊張，你可以的！」

6. Train不斷練習自我對話，直至完美

最後一步，就是練習讓這些自我對話能自然發生。透過重複使用有幫助的自我對話語句，可確保在你遇到困難和壓力事件時，這些句子能更自動地、像習慣一樣出現。

自我對話的最後提醒

我們必須記得，**懷疑與負面想法可能永遠不會消失，我們也不應該希望這些想法消失**。舉例來說，雖然擔憂讓人不快，但擔憂是一種健康的負面情緒，也能發揮重要作用。[19]就像第二章提到的，不管我們是要比賽、做簡報或準備考試，健康的擔憂能夠給我們動力，讓我們做好準備。然而，當我們負面的內在聲音帶來沒用的情緒反應時，像是極度焦慮，就可能會影響我們的表現。

了解如何改變自我對話以及我們能對自己說的話，這些可以成為我們在困難時刻所能運用的策略。因此，當出現沒有用的負面想法時，有一份可以使用的激勵性或指導性話語的清單，對我們的想法、感受和行為會有正面影響。這樣一來，負面想法就更容易管理了。有效的自我對話策略，讓我們更能控制自己的懷疑、擔憂和恐懼。在下一章，我們將告訴你，自我對話是用來建立穩固和持久的自信的工具之一。

Chapter

05

讓你們看看我的厲害

提升自信的工具

一九七四年九月，三十二歲的穆罕默德．阿里（Muhammad Ali）坐在紐約華爾道夫飯店的會議室，試著說服一群懷疑他的觀眾，他能夠再次成為世界重量級拳擊冠軍。將與他對戰的是位可敬的對手，以毀滅性力量擊倒對手而聞名的二十五歲現任拳王喬治．福爾曼（George Forema）。

阿里是業餘拳手，曾經在一九六〇年的奧運贏得輕量級金牌，在一九六一年轉成職業選手後，阿里以本名卡休斯．克萊（Cassius Clay）出賽，擊敗了桑尼．利斯頓（Sonny Liston），於一九六四年贏得第一個重量級世界冠軍頭銜。兩年後，阿里因為拒絕接受征召參加越戰而被剝奪頭銜。他從一九六七年三月至一九七〇年十月都無法參賽，也錯失了可能是他職業生涯中表現最出色的那幾年。阿里的復出之戰在一九七一年三月對上喬・佛雷澤（Joe Frazier），這是他第一次在職業生涯遇到挫敗。接著，在一九七三年，阿里對上當時沒沒無聞的肯・諾頓（Ken Norton），被打得下巴都斷了。大家都認為，阿里的光環正在褪去，不久後就會從職業拳擊中退休。

福爾曼也是以業餘的身分獲得奧運金牌，於一九六八年奧運贏得重量級頭銜。他在一九六九年轉為職業選手後，在重量級選手的排名中爬升得很快，在一九七三年贏得重量級世界冠軍，在第二輪淘汰賽中ＫＯ當時的冠軍佛雷澤。福爾曼在對上阿里之前，紀錄是四十勝〇敗，有三十七勝是以ＫＯ取得勝利，實力可見一斑。他兩度成功捍衛他的冠軍頭銜，獲得「大喬治」的稱號。大家認為他對上阿里的這一戰，一定也能守好他的冠軍頭銜。

阿里面對眼前的挑戰泰然自若，有自信地對著聚集在華爾道夫飯店的媒體發言，這是體育史上最令人難忘的演講之一：

> 我離開這場賽事時就如同我來之時，打敗了能ＫＯ所有對手，無人能敵的大怪物，而這就好像克萊打敗利斯頓；而利斯頓曾擊敗佛洛伊德・帕特森

（Floyd Patterso）兩次，他那時候要對我大開殺戒！他出拳比福爾曼還要大力！他的手比福爾曼還要長，他打得比福爾曼更出色，我現在已經不是你們從前見到的發育不良的二十二歲小子，我更有經驗、更專業；下巴曾被擊碎、曾迷失、曾多次被打倒在地，我很厲害！我砍了很多樹，替這次戰鬥做了一些新的嘗試，我跟鱷魚打架，沒錯！我跟鱷魚打架，跟鯨魚扭打，我擒拿過閃電、把雷丟進大牢。我很厲害！上星期我才殺了岩石、打傷石頭、讓磚頭去住院，我太強大，藥看到我都害怕！我很厲害！很快！很快！很快！昨晚，我關上臥室的燈，才按下開關，燈滅掉之前我人就已經躺在床上了，就是這麼快！而你，福爾曼，我打贏他之後，你們都要來向我鞠躬。我知道你們全部都站他那一邊，我知道你們選的是他，但這人將有麻煩了！我要讓你們看看我有多厲害！

阿里與福爾曼的這場大戰被稱為「叢林之戰」，不僅是拳擊史上最經典的一場比賽，也是二十世紀最偉大的運動賽事之一。在所有人都不看好他的情況下，阿里在第八局KO福爾曼，重回重量級世界冠軍的寶座。

但最吸引人的，其實不是拳擊場內的戰爭，而是阿里在那場比賽前所建立出的無法撼動的自信。透過他在華爾道夫飯店的演講，讓我們能深入了解阿里用來培養和增強這種內在信心的來源。本章將著重在這些來源，並解釋成功的運動員是如何有意識地培養穩定而強大的自信。

自信是什麼？

即使是頂尖運動員，自信也是成功所需的最重要心理特徵。[1]運動員經常提到高度自信的必要性、成功或失敗會對自信造成的影響，以及自信本身的脆弱性。網球球王諾瓦克・喬科維奇（Novak Djokovic）在贏得二〇二〇年澳洲網球公開賽、維持十三連勝的紀錄後表示：

> 我知道我在場上感覺非常好。當然，當你贏得那麼多場勝利時，你會有高度自信，但我知道自信也是會被輕易摧毀的，而且會消失。[2]

自信是我們相信自己有能力實現某種結果。在運動領域中，這可能是相信自己會表現得很好或贏得比賽。在生活領域中，自信可能是相信自己能夠通過考試、獲得想要的工作或管理大型工作專案。

在討論本章的策略之前，我們先來思考一下關於自信這個不太明確的東西。我們不是要告訴你充滿自信或沒自信是什麼感覺，你大概已經知道這樣的感覺。我們要讓你反思的是：感覺更有自信，這並不像丟硬幣是隨機的事件。這不是取決於運氣——我們無法控制、只能任其發生，或莫名其妙地來了又去。**建立自信是一個可控制的過程，你可以學習用最好的自信來源來培養自信**。這就是自信比你想像的更容易控制的原因。

在這一章，我們將告訴你這些來源是什麼。不過首先要注意的是：建立自信並不容易。就像學習本書中的其他心理工具一樣，這個過程需要不斷練習並持之以恆。但如果你願意做好這些基礎工作，就能獲得強大自信帶來的甜美果實。

在我們勾勒出自信的來源之前，你還需要知道一件事，這可能讓你覺得驚訝。**自信的基礎，其實與我們的實際能力沒有太大的關係，與我們認為自己可用現有能力做到什麼事比較有關**。[3]有時候我們被自我懷疑給限制住，甚至是完全在我們能力範圍之內的事。舉例來說，雖然你有所需的知識與資訊，但你可能懷疑自己沒有能力回答面試官的問題，你的自我懷疑可能讓你根本就不會去應徵這份工作。

反之亦然。如果我們對自己的能力有更高的自信，我們就更有可能比具有同樣技能但自信較低的人，更努力地嘗試或在任務上堅持更長的時間。這樣一來，我們的自信就能創造出一個**自證預言**（self-fulfilling prophecy）。我們更努力去試，是因為我們相信自己辦得到，而最終我們辦到了，這是因為我們更加努力並堅持下去，而不是僅憑我們的能力而已。因此，自信對我們的行為非常重要。而更強大的自信——在能力與技巧都不變的情況下，已被證實可以提高在運動場域或日常生活中的表現。

這不代表我們要假裝去相信自己，我們說的並不是虛假的相信或虛幻的童話。相反的，想建立堅定不移的自信，我們首先需要堅實的基礎。

自信來自哪裡？

自信是能夠建立的，這個觀念可追溯到一九七〇年代，史丹佛大學心理學教授愛伯特・班杜拉（Albert Bandura）一篇關於我們的自信能夠改變行為的開創性論文＊。他提

＊班杜拉用的是「自我效能感」（self-efficacy）一詞，自我效能感與自信的細微差異在於，自信是一種普遍的感覺，自我效能感則與特定任務有關。但在本章中，我們統一使用自信一詞。

出了一些有關自信在心理治療中核心作用的新觀點，[4]其中最重要的是，無論採取何種心理治療，都有助於透過加強個人相信自己能做什麼的自信，來改變個人的行為。舉例來說，如果你認為在一群陌生人面前演講讓你焦慮不安，那麼你就會盡可能避免遇到這種情況。但如果你已學會使用一些心理工具，像是如何管理情緒（第二章），或以更有建設性的方式自我對話（第四章），並相信這些技巧將幫助你應對這種情況，那麼你就比較有可能答應演講。

從班杜拉的研究中，我們可了解自信幾乎影響到生活上的各種層面，從我們的想法與感受，到我們如何在逆境中堅持，再到我們做出的人生抉擇。自信對於表現的正面影響，已在教育、商業、政治、醫療與運動等領域中進行了許多研究。

無論在哪個領域，我們可利用五項關鍵來源來建立自信。這很重要，因為**了解這些來源，代表我們可以在需要時利用各項來源來增強自信**。以下將簡介每一項來源，從最重要的一項開始。

1. 過往的成就

我們過往的成就是最強大的自信來源，這是建立自信的堅實基礎。

過往的成就包括成功經驗，但也包括學習、改善及精進應對挑戰所需的技巧。例如學習並精進開車技巧，能提高你駕駛能力的信心。

但重要的是要意識到，這些信念與某特定任務有關。提高一些技巧，意味著你整體上覺得自己對開車這件事更有能力，但你可能會對還不熟練的技巧不太有自信，像是在小巷中倒車。知道這一點也是建立自信很重要的一部分。當你在建立自信時，每學會一項技巧就是在為你的自信添磚加瓦。

這是我們希望你能完成附錄一優勢報告的原因之一。如果你已經完成了，現在是很好的回顧機會。你再一次完成「目前的分數」後，可能會發現透過學習前面幾章提到的工具，你已經提高了一些特質和能力。如果是這樣的話，那太好了！如果提高自信是你的目標之一，我們希望你能在本章繼續學習，並多加運用本章提供的工具。

一旦了解到我們可以從過往成就來建立自信，我們就無需意外為何阿里在與福爾曼對戰前，會提到他過往打贏利斯頓的事了。儘管這兩場賽事的情境相似（阿里都居劣勢，挑戰強大的對手），但阿里稱利斯頓是比他即將對上的福爾曼更好的拳擊手。不只這樣，阿里說服自己並告訴大家，他現在的狀態比之前跟利斯頓對戰時更好。請記住，自信並不是我們實際上有什麼能力，而是我們認為自己能以所擁有的能力做到的事。

這樣的自信來源要留意一點：**你如何看待過往的成就是很重要的**。如果你完成了某事，但覺得任務很簡單，或者你是得到某些幫助才成功，那麼這對你的自信可能不會有太大的改變。如果你根據自身的能力、努力與恆心，達成了一件事，那麼這樣的成就，會讓你在未來遇到同樣情況時自信大增。[5]

2. 他人的經驗

從別人的經驗學習，也會影響我們對自己能力的信念。我們通常透過觀察別人的成功來做到這點，但不一定總是如此。我們也可以看到別人的失敗，並將自己與他們做比較，他們的失敗有助於我們相信自己可以做到什麼。福爾曼在一九七四年與阿里對戰之前從未輸過，但阿里從福爾曼之前落敗的經驗中學習，並建立自信。

雖然我們過往的成就是自信的最強大來源，但向他人學習也很重要。如果我們之前沒有類似的成功經驗，從他人身上學習有助於改變我們的信念。向他人學習最重要的一點是，**辨認出他們做得好的地方，了解做得不好的地方，並問問自己，如果你處在同樣的情況，你會如何運用這些資訊**。

這裡也有一點要留意：如果想增強自信，**你與你仿效的對象必須要有相似之處**。例如向大學畢業的親戚身上學習，會更加強你相信自己也能辦得到的信念，因為這個人的背景與你相似，所擁有的機會與生活經驗也相仿。如果跟自己沒有任何相似之處的人相比，可能就無法達到同樣的效果。

3. 言語說服：我們做得到！

言語說服，或只是被告知我們做得到，也能影響我們的信念。不管是來自教練或隊友，提醒運動員「你做得到！」都是一種鼓勵。對政治家來說，振奮人心的「我們做得到！」（Yes, we can!）就是一句能激起改變的口號（編按：Yes, we can! 是歐巴馬競選美國總統時的口號）。

雖然言語說服有用，但跟過往成功經驗相比，這是比較弱的自信來源。除此之外，我們如何看待別人說的話也很重要。舉例來說，如果你不是真心相信自己有能力做到，那麼別人的說服對於你的自信不會有什麼正向的影響。

言語說服的來源也很重要，如果這個人是你信任的對象，像是你信任的老師或有經驗的朋友，你更可能因為他提供的言語說服而增加自信。如果教練或陪跑員對落後的跑者大喊「你能追上他！」，效果會比旁觀觀眾喊的還要好。

但重要的不只是別人說了什麼，言語說服的價值還包括你對自己說了什麼。也就是說，第四章介紹的自我對話工具也有助於建立自信。用正向、有建設性的語句對自己說「你做得到！」，就能加強你的自信。或許這也解釋了為什麼阿里經常重複強調他過去成就與能力的句子，像是「我現在更好了，我更有經驗，我很厲害，我很快！我要讓你們看看我有多厲害！」

在像阿里那樣的情況下，當別人都不看好你的時候，你對自己說的話就更重要了。

4. 解釋自己的感受

這可能是自信來源當中最不明顯的一個，而且你可能從來都沒想過，就是你如何解釋身體的感受與知覺。舉例來說，你在等待工作面試時，你的身體感覺如何。如同第二章提到的，你可能感到心跳加速、流汗和不安，你可能會覺得緊張，並將這個感覺解釋為自己準備不足，這又加劇了你的懷疑與擔憂。[6]

但事實也可能正好相反：你可能會將心跳加速和不安視為興奮的感覺，也就是運用第二章學到的重新評估技巧。這樣一來，你更可能將這些感覺解釋為自己已經準備好了、認為這個工作非常適合自己。

如何解釋自己的感受與身體感覺，可以在重要時刻改變我們的信念。對運動員來說，將身體感覺視為狀態很好，如同阿里將移動速度作為他發揮最佳表現的能力指標，可以提高他們對自己表現有多好的自信。

5. 想像力

讓我們退後一步。如果這是你第一次嘗試某一件事呢？你之前完全沒有任何經驗、沒有仿效的對象，也不知道你會有什麼樣的感覺。

在許多我們感到沒那麼自信的事情中，這種情況很常見。無論我們是否可以利用其他自信來源，想像我們表現得很好，或想像我們能應對困難的挑戰，也是建立自信的來源。**使用這種技巧可以為你提供想像的成就，進而建立自信，特別是在你成功的經驗很少或完全沒有的時候。**雖然跟實際的成功經驗相比，想像成功並不是很強烈的自信來源，但仍然很有幫助。[7]成功的運動員在為具挑戰性的賽事做準備時，經常使用**心像**（mental imagery）來建立自信。

自我楷模（self-modeling）是這項工具的一種變化版，結合了上述自信的第二項來源元素，也就是向他人學習。但自我楷模不是向他人學習，而是成為自己的楷模。

自我楷模包括觀看影片或在腦海中回顧自己的最佳表現。這也可以應用在運動以外的領域，像是你可以扮演一個成功的求職者角色，在身體上或心理上重複演練你的面試表現。自我楷模可以在實際事件發生之前，建立我們對自己能力的信念。

英國羅浮堡大學的一項研究證實了影像自我楷模的成效。在這項研究中，四名足球員在賽季期間接受了自我楷模的介入。[8]在此之前，這些球員先選定兩項他們希望能改善的技巧，包括傳球、頭球、停球與控球、斷球。

在研究期間，這些球員在進行激烈的賽事之前，會先觀看自己四項最佳技巧表現的影像紀錄（這稱為正向的自我回顧）。如果在比賽結束後，球員展現出更好的技巧，則會新增到影片當中。在十三週的賽季當中，當球員看完自己最佳表現的影像時，研究人員在上場前測量了他們的自信，並記錄每場比賽的技巧表現。

研究結果顯示，一些球員在看完最佳表現影像後，他們的技巧表現提高了。重要的是，他們技巧的提高與賽前自信的提高非常相關。換句話說，**觀看或利用想像力來重複回顧個人的精彩亮點，可以給我們一個強而有力的提醒：「我以前成功過，所以我能再次做到」**。

以上就是五項自信的最佳來源，但運動員還會利用其他來源。在介紹建立自信的工具之前，我們先簡單介紹一下這些其他的來源。我們要強調一個重要訊息：如果你想要建立穩固而強大的自信，那麼你必須仔細考慮你所能利用的來源。

可控制的自信來源

除了我們到目前為止提到的來源，運動員還會從教練的領導、家人和朋友等人的支持、比賽的環境或好運來獲得自信[9]。不過在第三章提到的「專注於可控制的事」也同樣重要。

如果你思考一下上述這幾個自信來源，會發現沒有一個是你可以控制的。你不能控制他人給予的支持、所處的環境或是否能獲得好運。如果過於依賴無法控制的來源，那麼你的自信就會被各種無法預測的他人與環境因素所影響。

事實上，在運動員獲得自信的來源中，只有兩樣是完全可控制的，也就是**努力去發展和掌握技能，以及在身心上做好準備**。這兩個來源都跟前面提到的過往成就有關。這一點是關鍵，因為如果建立自信很重要，那麼控制我們依賴的自信來源，是建立穩定和持久自信的更好基礎。

不過，這不代表我們永遠不該利用不可控制的來源。如果有一個或更多這樣的來源可以用，而且它們可以為你帶來幫助，那很棒！但這跟依賴這些來源不一樣。**如果你想要培養自信，那麼了解到你能夠掌控這個過程，這會讓你更有力量**。同樣的，透過學習本書的心理工具，可以為你建立一個堅實、可控制的基礎，幫助你建立自信。練習與掌握這些工具能夠為你提高自信。

我們只能猜測阿里在與福爾曼對戰前，所進行的一些訓練與準備工作。可以肯定的是，他並沒有實際跟鱷魚打架或跟鯨魚扭打，但無庸置疑的，他為這場比賽做了一些新的準備，這些身體上的準備很可能讓他在賽前增加自信。而他心理上的準備，包括重複的正向自我對話與喊口號，更強化了他的信念。

對運動員的研究強調了發展心理技巧對建立自信的重要性。例如在一項研究中，運動心理學博士凱特・海斯（Kate Hays）請田徑、柔道、跳水、競速滑冰和橄欖球等運動項目的奧運和世界錦標賽獲獎牌者，回想他們在運動中最有自信的時刻，以及他們在這些情況下的信念來自何處。[10]你可能猜得到，這些運動員提到許多重要的自信來源。不過，所有運動員都提到**過往的成功經驗、良好的訓練與準備（包括心理準備）**，是極為重要的。再一次證實，這些都是我們自信來源的堅實基礎。

一位傑出的跳水選手詳細描述了她賽前為建立自信所做的心理準備，其中包括許多本書提到的心理工具，你能看出有哪些嗎？

我會控制焦慮、在腦海中想像，讓我在跳水的時候更有自信。在大型比賽之前，我也經常回想我的最佳表現。我會跟我的心理師一起完成跳水前的例行公事，在腦海中想著，我將盡可能發揮出我最大的實力，而這很有幫助。我在參加世界錦標賽之前這麼做了，這是增強自信的好方法。設定目標，只要概略地架構出一些東西，並忽略我無法控制的東西，專注在我能控制的事情上，讓我更有自信，也不會被別的東西干擾。

但不要以為所有運動員在這方面都做得很好，而你是唯一做得差的人。即使是最優秀的運動員，也未必總是能從最佳的來源培養自信。二〇一〇年一項對五十四名國際運動員做的研究發現，展示他們對抗對手的能力，是他們在比賽前幾週的主要自信來源，但這是一個不太可控的因素（運動員可能表現出色，但還是輸了）。[11]這或許可以解釋為什麼某些運動員雖然多次贏得勝利，像是喬科維奇，仍會將自信視為一種「會被輕易摧毀」像是曇花一現的現象。

我們希望你透過本章了解到情況並非如此。一個更加實用和可控制的方法，能幫助你建立出穩定和持久的自信。就如同傳奇高爾夫球選手傑克．尼克勞斯（Jack Nicklaus）所說：

> 自信是比賽當中最重要的因素，無論你的天賦有多好，只有一個辦法能夠獲得並維持自信：努力。[12]

顯而易見地，知道更有自信對表現會有幫助是很重要的，但了解到自信的建立是我們能夠控制的事，可能更為重要。在本章的最後，我們將介紹一些可以用來建立自信的策略。

建立自信的策略

本書提供的許多心理技巧都能幫你建立自信，包括設定具挑戰性的目標並努力去達成

（第一章）、以更正向的方式重新評估你的心理與情緒狀態（第二章）、專注在可控制的行動上（第三章），以及用有建設性的方式自我對話（第四章）。雖然這些方法都很有用，但在這裡我們把重點放在利用最強大自信來源的其他技巧上。

1. 鉅細靡遺記錄你所做的準備與成就里程碑

過往的成就、良好的準備以及純熟的技能，都是建立強大自信的關鍵。不過如果你沒有將你做過的事情與眼前的挑戰做連結，它們就無法帶給你幫助。許多運動員藉由寫日記來記錄自己的進步，在重大挑戰到來之時，就能感覺已做好充分準備、更有自信。**沒有什麼比你為準備挑戰所做的工作的記錄，更有助於緩解擔憂和消除疑慮了**。

但只寫日記是不夠的，記下你每週、每月、每年取得的進步與成就也很重要。對運動員來說，這可能是強調訓練進行得很順利、標記出成功的經驗（像是使用新的心理工具來保持專注），或者慶祝達成一項里程碑（像是創下個人新紀錄）。我們在第二章提到，小威廉絲與席弗琳都會在日記上記錄生活中的正向和負面事件的想法與感受。運用類似的方法，學生可以記錄下學到幫助記憶的新技巧、描述一次很順利的學習經驗，或者慶祝用功學習之後得到的好成績。

無論你選擇如何記錄你的進步與成就，**重要的是要定期回顧以增強自信**。你可能會寫在日記裡，也可以把這些內容貼在冰箱門上，或者放在床邊的罐子中。[13]不管是以什麼樣的形式，看著它們並回想這些事件，能幫你度過自我懷疑的時刻。這些可控制的準備與你所達成的里程碑，能穩固你的自信。當你想要有系統地建立和發展自信時，這些點點滴滴能成為你最有力的自信來源。

2. 利用心像讓成功可視化

心像可以用來達成不同目的，而這些都有助於提高自信。[14]就像前面提到的跳水運動員，會使用想像力來排練特定技巧與例行公事。即使只是在腦海中成功完成這些動作，也會對自信產生正面影響。

同樣的，當你試著達成某項目標時，你可能會想像朝那個目標努力，一步步取得良好的進展。你還可以想像在壓力大的情況下所產生的情緒，並想像管理這些情緒以保持冷靜。

最後，你可以想像克服具挑戰的情境，在保持專注、避免分心的情況下應對困難時刻。這些看起來好像違背直覺，畢竟我們通常避免想像事情會變得很糟，希望所有事情都能順利。但我們在第一章向菲爾普斯學到，想像負面的情況（若則計畫），並在心裡計畫如何以最好的方式應對每個問題，也是我們建立自信的有力工具之一。

有些運動員的例子告訴我們要如何在不同情境下使用想像力。美國奧運跳水選手卡崔娜・楊（Katrina Young）提到在她常去的佛羅里達州立大學訓練場因Covid-19疫情而關閉時，她是如何透過想像力來訓練的：

我在腦海中想像我走向泳池，看到救生員、看到教練，還有大學的跳水選手。我覺得很自在，並在腦海中進行訓練。我聽到教練告訴我該如何調整，想像我試著做出這些調整，以及想像我經歷這一切的感受。當現實中沒有泳池的時候，這真的很有幫助。[15]

想像力也能運用在日常生活中，前WBC重量級冠軍迪昂泰・懷爾德（Deontay Wilder），描述他如何在拳擊場之外的地方運用想像技巧：

我會依據想要達成什麼目標來運用這些技巧。我可以想像自己過著日常生活、接受一場不錯的訪問、度過了美好的一天。我會想像我該如何處理事情，當事情發生了，我就已經有經驗了，我會用最適合的心態去應對。16

3. 看見他人的信念

向他人學習，也就是本章稍早提到的自信來源，這不意味你必須觀察他們的一舉一動，在考試的時候坐他隔壁，或者跟他們去面試。只要跟有類似經驗的人聊天，就能提升你對自己能力的信念。舉例來說，你可能會因此了解到，你已經掌握通過考試或面試所需要的能力。請記得，自信的信念在於我們認為可以用自己的能力做到的事，而不在於我們實際所掌握的能力。

透過向他人學習，你就能了解到他們如何應對挫折，或他們如何克服你可能會遇到的類似困難。即使從他們失敗的經驗中汲取教訓，也有助於增強你的自信，相信自己能克服類似的障礙。

4. 找到支持夥伴，包括你自己

最後，找到能在身邊支持你的人，有助於建立自信。對運動員來說，這樣的支持通常是從他們信任並尊敬的對象，像是教練、隊友、家人或朋友等，得到正向的回饋與鼓勵。

在第十一章，我們將看到諾爾是如何在他一生中最困難的一次馬拉松比賽中，從支持他的人那邊得到幫助。

但找到支持夥伴不代表你要依賴他人，找到支持夥伴並不是一項可控制的自信來源，但你對自己所說的話是可控制的。透過上一章的介紹，你已學習到自我對話的技巧，這是非常重要且可控制的說服來源。**有時候，我們會忘記成為自己最棒的啦啦隊長這件事有多麼重要。**

關於自信的最後提醒

我們希望你從這一章學到，自信是可以有意識地培養與發展起來的東西。自信並不是脆弱的心理特徵，或者處於無法控制的狀態。藉由可控制的自信來源，並使用本書所提到的各種工具，就能開始培養出穩固的自信。

這並不是件容易的事，但成功的運動員已向我們展示了精心培養和發展心理技巧所能帶來的好處。在後面的章節中，我們將介紹如何在不同情境下像運動員一樣思考的實際案例，幫助你在運動和日常生活中獲得成功。

PART

2

如何像頂尖運動員一樣達成目標

Chapter

06 一千英里的旅程

如何一開始就為成功做好準備

二〇一八年春天，基坎・蘭道兒（Kikkan Randall）彷彿登上世界之巔。她和隊友潔西・狄金斯（Jessie Diggins）成了首兩位在奧運越野滑雪團體競速接力項目獲得冠軍的美國人。她以這次的勝利結束超過十五年的職業生涯，包含五次參加奧運和十七次美國冠軍。這次的奪牌也彌補了蘭道兒在前一屆奧運讓人失望的表現，當時大家認為她拿金牌的希望很高，但她卻沒能晉級決賽。

蘭道兒與丈夫及當時兩歲的兒子，從阿拉斯加舉家搬到加拿大。這次搬家象徵他們人生的新階段，三十五歲的蘭道兒決定離開滑雪選手身分，計畫再生一個小孩。某天晚上要睡覺的時候，她注意到胸口有一個小硬塊，她隔天就去看醫生。醫生告訴她因為她年輕又健康，應該沒什麼大礙，但她應該去照乳房X光與超音波以防萬一。

影像檢查的結果不大妙，因此又做了切片檢查。蘭道兒去瑞典參加朋友婚禮時，收到檢查結果，是第二期乳癌。一週之後，癌細胞擴散到淋巴結。成為奧運金牌的三個月後，蘭道兒有了新的身分：癌症患者。

「我一開始拒絕相信，」蘭道兒說。「然後覺得很沮喪，我是強壯的運動員，我做的都是正確的事情，吃得很健康、照顧自己的身體、沒有家族病史。」我覺得「這真是太不公平了！」

當蘭道兒在消化這些情緒的時候，她運動員的精神就出現了。「我決定我必須面對癌症，就像我面對贏得奧運的目標那樣。」她說。「雖然步驟不一樣，但我想可以用相同的策略。」

要開始一項大型任務時，像是準備比賽、攻讀學位、轉換職涯、建立家庭，以及對抗病魔，都會讓人覺得無法負荷。你希望完成的事情可能看起來很抽象又遙不可及，你不禁認為，你每天所做的事情，就長遠來說並沒有什麼大幫助。在這一章中，我們將探討成功的運動員如何為實現重要目標制定路線圖，以及他們如何致力專注於實現目標所需的日常行動。

計畫如何行動，並執行計畫

蘭道兒公開談論她知道自己罹癌後的各種情緒，而這裡的關鍵在於她接下來做了什麼。

「我想，好，這是真的。」她說。「光坐著想那些可能會發生的事、統計數據與恐懼，是沒用的。我應該去弄清楚我現在能做什麼，我需要一個計畫。」

由於蘭道兒的癌症具侵略性，她跟醫療團隊決定立刻開始化療，共六輪治療，每一輪間隔三週。這對擴張快速的癌症來說是很典型的治療計畫。不太典型的是，蘭道兒如何利用在多年運動員生涯中所學會的心理工具，來迎戰癌症治療。

「我專注在每個階段的療程，」她說。「試著不要想太多，保持樂觀地認為雖然現在很辛苦，但我會度過這個難關。治療有很高的機率會有效，我就能回去做我喜歡做的所有事情，活得健康又長壽。」

「我就專注在我必須去化療，而化療時需要做什麼呢？當我接受化療的時候，我知道保持身體活躍很重要，所以我公開做出承諾，我每天都要運動至少十分鐘。」蘭道兒決定騎自行車去做治療，她說：「這是一件讓人想要放棄的事，但我覺得，為什麼不開放一點，保持好奇的心態，看看會發生什麼事呢？」

適應癌症是一個過程，會引發一系列情緒和心理症狀，包括焦慮、恐懼和憤怒。[1]我們在第二章和第三章探討了可以改變情緒反應的策略。如同第二章所建議的，專注於解決問題和解決問題的策略（例如重新評估或表達感受），比專注於避免或遠離情境的策略（例如壓抑情緒或藥物濫用）能更有效管理我們的情緒。

從蘭道兒對診斷出癌症後所做的反應中，可以看出她所運用的一些心理技巧。包括她重新評估這個情況與她應對的能力（重新評估，第二章）。重要的是，蘭道兒做出很實際的重新評估。她不只試著保持正向，還制定出計畫，優先考慮她可以控制的行動（專注在可控制的事情上，第三章），包括幫助她完成每一輪化療的身體活動。正如我們在第三章學到的，當我們遇到壓力大和困難的情況時，多專注於我們可控制或至少是我們能影響的地方，可以改變我們對這個情況的情緒反應。[2]

除了重新評估外，蘭道兒的自我對話（第四章）也很重要。為期四到五個月的六輪化療，讓人覺得難以承受，但她告訴自己「現在很困難，但我會度過難關」，這讓她的前景更加樂觀。再加上正念、專注於當下（第三章），讓自己專注在每一輪的治療（切成小塊，第一章），這些都幫助蘭道兒度過辛苦的化療。

研究證據也支持蘭道兒使用的情緒調節策略。二〇一九年，有一項對八十名剛罹患乳癌的女性所做的研究發現，在六週的放射治療前後，更想要避開和壓抑情緒的人，更容易產生高度的焦慮、抑鬱、害怕復發、失眠與疲累。與治療開始前相比，壓抑情緒的人也更有可能在治療完成後一週內出現抑鬱和疲累症狀。[3]

這並不意味癌症或其他重大疾病患者不應該感到痛苦。**情緒調節策略並不只是嘗試正向思考，或期待自己應該總是感覺良好**。相反的，就像我們提過的運動員的經驗，**它是關於透過使用有效的策略來適應情緒經驗**。這些策略，例如以現實的方式來表達感受或評估情況，可以產生更具適應性的反應，從而減少與癌症診斷相關的一些心理症狀。

蘭道兒的醫療團隊注意到，她的運動員思考模式跟其他癌症患者的思考很不一樣。「有一位醫生跟我說，很少有患者問他『我在化療輸血時能在跑步機上跑步嗎？』」她說。「捐血給我的人應該會很開心有人如此積極地參與治療計畫，並努力保持積極樂觀。」（但後來，蘭道兒在輸血時沒有跑步。因為護士說如果她跑步時身體發紅，他們無法確認這是運動導致的還是對化療的反應。）

登頂的墊腳石

史帝夫・霍曼（Steve Holman）是一九九〇年代的美國頂尖跑步選手。而現在，他是金融服務公司先鋒領航（Vanguard）的高階主管，帶領一個五十五人的團隊，監管超過三千萬美元的小型企業401（k）退休福利計畫。他在這兩項事業之中的經驗，對任何想建立長期目標的人來說都會很有啟發。

你不需要一步就從A到達Z，把長期目標分段會比較好（切成小塊，第一章），你在進行各階段的任務時，會在過程中達到各項重要里程碑，這有助於你實現目標。要念博士，你必須先有學士學位；要跑完一場馬拉松，你必須先建立持續的跑步習慣。而在霍曼的例子中，要成為知名公司的高階主管，你必須先弄清楚下半輩子的人生想要做什麼。

霍曼是一九九二年奧運一千五百公尺的選手，曾經兩度排在世界前五，他在二〇〇〇年奧運選拔賽前幾個月因疲勞性骨折而沒入選國家隊。他在三十一歲時，積極思考他接下來的人生該何去何從。他和妻子決定再試一次職業賽事，並在二〇〇一年賽季結束後退休。但他在二〇〇〇年秋天又遇到另一次疲勞性骨折，「我無法想像如何能鼓起勇氣和抱持希望來克服另一次的傷，然後努力趕在春天之前恢復有競爭力的體態。」他說。

於是霍曼開始了他所謂的「荒廢階段」。「當我決定不再跑步時，我變得一無所有。」他說。「我每天渾渾噩噩，沒有目標，常常惹我妻子生氣，因為我會睡到早上十點去吃甜甜圈。有一天我到邦諾書店投了履歷，結果還被拒絕！我就覺得，我是奧運國手耶，但甚至連到邦諾書店工作都沒辦法。」

「最後，我想到，我一直都是好學生，我可以回學校念書。在理想的情況下，這應該能為我最終可做的事開創一條新的路。」雖然霍曼以前在喬治城大學念的是英語系，沒有上過任何商學院的課，但他申請上華頓商學院的MBA，並從二〇〇二年秋天開始上課。

「我從來沒有想過我會進現在這一行，」霍曼說。「我以前從來沒有想過會在金融業當高階主管，但我知道自己有領導能力。就像在我的運動生涯中一樣，我知道如果我全神貫注和集中心力，就能找出一條成功的道路。我有自信，無論我選擇做什麼，我都能運用我身為運動員時所學到的方法。」

優勢報告是一個很好的工具，幫助你了解自身的優點與特質，你可能在看完本書前言後就完成了這項練習。伯明罕大學的珍妮佛‧堪明（Jennifer Cumming）教授與MST4Life團隊採用這個工具，來幫助無家可歸的青少年找出他們有成功潛力的地方，以及他們在此過程中展現的性格優勢。[4]其目的是幫助這些年輕人發展韌性、自我價值與幸福感，並讓他們重新接受教育、培訓或就業，就跟霍曼一樣。

一旦你找出自己的性格優勢，就能將這些運用到生活中其他層面。對於像霍曼這樣的運動員來說，透過運動培養的性格優勢可能包括領導力、團隊合作、毅力，以及本書所提到的，在充滿挑戰的情況下調節自己的想法與感受的能力。[5]

還有其他方法可用來幫助運動員反思自己的特質與優勢，並以此發展出運動之外的職業生涯。其中一項方法稱為**五階段生涯規劃策略**（Five-Step Career Planning Strategy，5SCP）。[6] 這個方法類似霍曼所描述的未來職涯規劃，以及麥克考完成的橄欖球職涯規劃，也就是在第一章提到的「偉大的黑衫軍」。

接下來，我們會簡單說明五階段生涯規劃策略中的每個步驟，但如果你是第一次使用這個策略，我們建議你可以找專業的職涯顧問或運動心理顧問協助。

第一步，畫一條從你出生到現在，並延伸到未來的時間線。請畫在大張的紙上，才有空間寫接下來的內容。

第二步，回想過去你生涯中最重要的事件。對運動員來說，可能是一些重大里程碑、重要的比賽或成功經驗。把這些事件都標記在時間線上。仔細思考你所標記的事件，這些將在第五步很重要。

接下來的這一步，最好要有專業人士協助，但如果你覺得這一步很有用，也可以先照著做看看。第三步，就是列出所有你生活中重要的部分。內容可能包含了運動、學習、工作、家庭和朋友。接下來，根據你心目中的重要性、在每部分花費的時間以及承受的壓力程度，對它們進行排名。你可以畫成圓餅圖，而不是僅列出排名，這有助於讓你一眼看出每個部分的重要性、花費時間以及壓力程度。

此時，值得反思一下在你生活中這些部分的重要性、投入時間以及壓力程度。舉例來說，你可能會把家人放在第一位，但也是你花最少時間的地方。如果與專業顧問一起進行，你們可以針對每個部分所花費的時間，或是你當前生活安排所導致的壓力來進行討論。

第四步，回到你的時間線。在這一步中，你要把你希望未來發生的重大事件，像是明年、三年後、十年後的事，畫在時間線上。與第三步一樣，你可以用圓餅圖來視覺化這些未來事件的重要性，像是霍曼所做的，辨認出那些能將你從當前狀況帶入理想未來的關鍵墊腳石。

第五步，包含了三個子步驟。每個子步驟都會讓你想到在本書中學到的工具。第一，回想迄今為止你人生中的關鍵時刻，像是運動的成就，或面臨困難挑戰時所使用的策略，以及你從中學到的教訓。你在這一步列出的事件，可能會跟第二步標記在時間線上的重要事件重疊，這沒關係。差別在於，在這裡你要用不同的觀點看這些事件。例如你可以反思你在人生中的一些難關中學到了什麼，或者你使用哪些心理工具來克服這些挑戰。

第二，擬定未來優先事項的目標（第四步中寫下的那些）。很重要的是，這個子步驟也包含分析你的資源，以及可能會在過程中遇到的阻礙。如霍曼的經驗所示，資源包含了個人優勢，像是領導力、身為運動員所學到的心理技巧，或像是支持你的家人等外部因素。阻礙可能包括缺乏職業領域的特定知識。這樣的分析能幫助你制定行動計畫，就像霍曼決定回學校念商學院。

最後，為了彌補未來與現在的差距（第四步），問問自己：「我今天可以做些什麼，來為未來的重要事件做準備呢？」這能幫助你設定短期目標的行動，也能幫助你根據未來計畫調整現在的優先事項（第三步）。換句話說，就像霍曼了解到的，想實現自己所希望的未來，可能意味你必須在學習領域上花更多時間，同時減少花在其他領域上的時間，像是吃甜甜圈的時間。

站在你自己的肩膀上

在開始一項任務時，總是看起來困難重重，但請記得，**你之前一定有過類似經驗**。

以運動為例，新賽季的開始或替重大賽事做準備，不代表你是從零開始。你的身體承載你好幾年、好幾個月、好幾個星期的訓練成果。就心理上來說，你也應該經歷過那些初期的艱難階段，可能有好幾次，端看你進行這項運動的時間有多久。在非運動的領域中，具體情況可能不盡相同，但就如蘭道兒與霍曼的例子所示，整體方法應該也很相似。

柯非斯基在二〇一三年紐約市馬拉松隔天的心情應該正是如此。由於他在比賽後期小腿突然受傷，跑出生涯最差成績，比他在二〇〇九年同場比賽拿冠軍的成績慢了十四分鐘，他甚至因為腿傷無法參加同年春天的波士頓馬拉松。柯非斯基已經三十八歲，當了二十年的精英跑者，又是奧運獎牌得主兼紐約市馬拉松冠軍，他大可就此退休。

然而，二〇一三波士頓馬拉松發生爆炸案的隔天，他更確定了自己在爆炸案那天所立下的目標：以巔峰狀態參加二〇一四年的波士頓馬拉松，成為從一九八三年後首位贏得冠軍的美國人。他當天早上在飯店房間踱步時，他知道他該怎麼做才能達成目標。他已經跑過兩次波士頓馬拉松，而在他整個職業生涯中，他跑馬拉松比賽的時間加總起來，還不到紐約市馬拉松到波士頓馬拉松間隔的五個月時間。

柯非斯基知道自己的身體無法像十年前那樣承受世界級的馬拉松訓練，但他也知道，這些年所跑過的里程與辛苦訓練，不會在一場比賽之後就消失。在參加二〇一三年紐約市馬拉松賽之前，他的狀況一直很好。他告訴自己，現在他要做的就是克服腿傷，然後在他過去二十年所訓練的身體上，更上一層樓。

韌性計畫

蘭道兒、霍曼和柯非斯基都共同具備的心理素質，就是韌性。韌性是我們在遇到逆境時承受負面影響的能力。[7]正如我們在這些運動員的故事中所看到的，逆境有許多形式，從相對較小的日常壓力，到身體受傷、從運動界退休，到人生中的重大變故。我們身處逆境的時間長短也有所不同。不同的強度與持續時間的長短，決定了我們是否需要召喚出韌性。

韌性的核心特徵是無論面臨到什麼逆境，都擁有繼續往前邁進的能力，像是維持表現（如柯非斯基）、持續活躍（如霍曼）以及幸福生活（如蘭道兒），儘管生命給我們帶來障礙與挑戰。

關鍵在於，我們可能不確定自己是否有韌性，但這想法並不正確。研究顯示，韌性是一種每個人都能去培養和發展出的能力，讀完本章接下來的內容，你就能學到許多培養韌性的心理技巧。

韌性包括兩種形式。[8]首先是**強健的韌性**（robust resilience），在這種韌性中，我們能夠使用心理技巧來保護自己免受壓力的潛在負面影響，並維持自己的表現或幸福感。蘭道兒面對癌症時便展現出這種韌性。

雖然強健的韌性是最理想的狀態，但我們無法在遇到任何事情時都能展現出這種韌性。即使是最優秀的運動員，也有屈服於壓力而表現不如預期的時候。在這種情況下，具備能快速反應和反彈的能力就很重要，這稱為**反彈的韌性**（rebound resilience）。[9]這種韌性幫助霍曼走出他的「荒廢階段」。

我們對於運動員心理韌性的了解，大多是來自兩位英國學者大衛・佛萊切（David Fletcher）與穆斯塔法・薩卡爾（Mustafa Sarkar）的研究。在一項重要研究中，他們訪問了十二位奧運金牌選手，包括田徑、划船、曲棍球和花式滑冰，來探討韌性與頂尖運動表現的關係，並解釋這個關係底下的心理歷程。[10]

佛萊切與薩卡爾以他們的研究結果為基礎，發展出一套心理韌性理論，包含四個主要元素：所經歷的壓力源；運動員如何評估這些壓力源及其對這個經歷的看法；促進韌性的心理技巧；以及個人對所經歷的壓力源的反應。

受訪的運動員表示，壓力源有很多種，其中包括競爭的壓力源，像是訓練的要求、狀態不佳，或像柯非斯基一樣受傷；組織的壓力源，像是對資金的擔憂；個人的壓力源，像是家庭裡的問題。而壓力源有大有小，小至需要平衡訓練與工作，大至痛失摯愛。

你可能會對運動員看待這些事情的方式感到驚訝。這些奧運選手沒有將它們視為糟糕的經驗，好像什麼也沒學到，而是認為這些困難、受挫的事件能幫助他們成長。換句話說，**從這些事件中學習並去適應它們，有助於讓自己在未來遇到有壓力的情況時能做好準備**，像是參加奧運。透過回顧這些逆境以及你是如何度過的，能幫助你建立自信來應對未來的挑戰（過往的成就，第五章），也就是一種「我以前經歷過困難的時刻，所以我能再度克服困難」的感覺。

這些運動員也將壓力事件視為讓自己發展與成長的挑戰與機會。如同在第二章所學到的，當我們以這種心態來評估一個事件時，我們會去思考這個事件是否與我們的目標相關，以及我們是否具備處理的能力，就像是蘭道兒面臨癌症診斷，以及柯非斯基在遇到小腿受傷時所做的事。

不只這樣，佛萊切與薩卡爾訪問的奧運冠軍，是評估自己對事件的想法來展現出韌性，而不是評估事件本身。**這個思考自己想法的過程，讓我們能夠反思自己對事件的回應，以及這些想法對我們的表現與幸福感是有益或有害。**反思自己的想法，也幫助我們挑選出適合特定情況的心理工具。這可能就解釋了蘭道兒「不要想太多」的策略，以及柯非斯基確信他多年的訓練成果，不會在二〇一三紐約市馬拉松到二〇一四年波士頓馬拉松的幾個月內消失。

這些對挑戰的評估與有益的想法，又受到五個關鍵心理因素的影響，也就是正向的個性、動機、專注、自信與感受到的社會支持。在這本書中，你已經學到一些用於發展出這些的重要工具。因此，你可以用這種方式來思考韌性：如果你有合適的心理工具可供使用，像是設立過程目標、重新評估、專注並維持在當下的能力、以正向且鼓勵的方式自我對話，以及建立自信的技巧，那麼在逆境時表現出韌性的關鍵就在於，使用最符合情境需要的心理工具來加以應對。

運動員的天才之處，不在於「擁有」韌性或「保持」韌性。相反的，**韌性是他們透過經驗，藉由他們所學到的心理工具——就像本書中所提到的那些，所發展出的特質，**讓他們在需要韌性的時候能展現出來。

◉沒有號角，沒有鼓聲

這個標題是三屆奧運田徑冠軍彼得・斯內爾（Peter Snell）自傳的書名（*No Bugles No Drums*），彰顯出想實現偉大的目標，**必須在背後付出許多努力**，才能在達成目標之後歡欣鼓舞。

「沒有號角，沒有鼓聲」也解釋了為什麼許多人都在努力完成每天的任務，一步步地實現目標。想像自己已經實現目標通常很容易，也讓人愉快。我們可以想像自己將享有莫大的榮耀，接受親朋好友的聲聲祝賀。但當我們必須早起在上班前去運動，或必須在吃完晚餐後投入幾小時的工作或學習，我們很容易做不到，我們只想做些更輕鬆的事。

定期執行為了實現目標或完成計畫所需的任務有幾個關鍵。一個關鍵是**要有一個好的開始**，不幸的是，有許多原因讓我們在一開始就停滯不前。我們可能會忘記行動、有了其他想法，或者沒辦法做好一開始所需的基礎工作。在這個階段，最常見的兩個問題是錯過行動的機會與拖延，讓我們來看看如何克服這兩個障礙。

錯過行動的機會

有時候行動的時間很短，或者這機會並不常有，因此我們會錯過行動的機會。我們可能會錯過申請工作的期限或難得的升遷機會。對運動員來說，贏得勝利往往意味著在機會出現的時候要把握住，然而即使最優秀的運動員也難免會錯失這些機會。

在二〇一九年九月所舉辦的世界自由車公路錦標賽男子組賽事中，就發生過這樣的事。斯洛伐克選手彼得・薩根（Peter Sagan）想要拿下生涯第四座冠軍頭銜，這將是前所未有的壯舉。在二六一・八公里的比賽中，剩下三十多公里，有五名車手保持領先，跟其他車手有著超過一分多鐘的差距，包括薩根。

薩根發現自己冠軍頭銜不保時，已經太遲了。他在最後三公里時追趕著領先的車手。然而，最終證明為時已晚。丹麥選手麥斯・佩德森（Mads Pedersen）贏得他第一座世界自由車公路錦標賽冠軍，而薩根以四十三秒的差距排名第五。

在比賽後，薩根向媒體描述他對這場比賽的想法和感受：

我覺得很棒，只是我錯過了領先機會。我本來可以成為領先者，但我認為只要一個衝刺就能取得領先。我的選擇讓結果變得不一樣了。我等待機會，並在最後做了嘗試，想讓自己能追上其他人。這場比賽很棒，只是我錯過了領先的機會。[11]

即使是經驗老道的選手，錯過行動機會也可能導致無法實現重要成就。

今天就行動，莫待明日

跟錯過行動的機會一樣，拖延就是拖著不去行動或不去完成計畫。世界上有多達二〇%的人有慢性拖延症。[12]儘管許多人會在相對不重要的事情上拖拖拉拉，像是趁假日時去採買，但拖延可能會導致嚴重的負面後果。大約三分之一的美國人要等到最後一刻才完成報稅，因為很多人認為報稅是一件艱鉅的任務，而害怕自己會出錯。[13]但數據顯示，多達八五%的人在報稅上並沒有發生什麼問題。

拖延也跟個人財務困難有關。[14]這可能是因為當我們在拖延的時候，我們只會留意最遲的付款期限，導致沒有足夠時間準備錢來支付帳單。也因為拖延，導致我們沒有花時間利用機會來處理這些事。

人會拖延有許多理由，自我控制能力低和缺乏責任心的人，很可能會拖延。[15]我們也有可能會拖著不去做那些無聊、費力、讓人困惑、讓人想到就頭痛的事，像是填寫冗長的報稅表格，而不會去拖延有趣的事。

想像你是大學新鮮人，你很認真，計畫要用功學習來獲得高分。在學期的第一週，你收到一篇論文作業，要在八週後完成，雖然你一心想做對的事，但在接下來幾週，你發現自己經常面臨衝突的選擇。你可以選擇念書，或者跟朋友參加派對。你要怎麼做呢？你應該在房間裡寫報告，還是花時間在對你招手的有趣活動上呢？

在這樣的情況下，我們大多數人可能會做出類似的選擇：先去玩，把報告擺一邊。我們遵循自己的想法並無妨，但在有些情況中，拖延可能意味著我們根本無法開始實現自己的目標。

找到正確的平衡

我們並不是在說為了要努力實現目標，而必須犧牲生活。我們之中沒有多少人要去爭奪奧運獎牌，我們大多數人需要的是，**在追求目標與許多其他責任之間找到平衡**。

在這裡，柯非斯基的例子也很有啟發性。他將肌力強化運動、跑步技術訓練和伸展運動視為「預防勝於治療」。基本概念是，每天做一些事情來保持健康，勝過受傷後得花大把時間復健。

而跟這一章有關的，是柯非斯基如何實施他的預防策略：他把各種練習納入他每天的訓練之中。他認為這些是訓練過程中不可或缺的一部分，而不是想到才去做的事情。多年下來的反覆練習，讓他自動地在跑步前拉筋，跑步後馬上做跑步技術訓練，接著馬上進行肌力強化運動。他這麼做，不僅意味著他經常做這些練習，還意味著他在一天當中剩下的時間，可以自由地專注於陪伴家人與商業活動上。

但正如斯內爾與柯非斯基也表示，重複執行日常任務以實現目標，這可能會很乏味。想要克服錯過行動的機會、拖延、只想做其他事等問題，可運用第一章提到的若則計畫與習慣養成的策略。舉例來說，**計畫你將如何回應機會和處理分心，可幫助你避免陷入這些陷阱**。同樣的，持續去做一個相對無聊但重要的預防活動，也可以運用若則計畫，像是「**若我要去跑步，則我就會先伸展**」，或「**若我跑步完回來，則我會馬上進行跑步技術訓練**」。

一旦計畫已定，要讓這些行為成為習慣，就必須重複它們。養成有助於實現目標的行為習慣，可讓你更輕鬆地達成目標。如同我們在第一章所學到，養成習慣的一項關鍵，是**將一個行動與其他活動產生連結，進而觸發習慣反應**。柯非斯基把預防的運動納入每天的訓練中，就能確保他有做到自己希望要去做的事，像是跑步技術訓練與肌力強化運動，都能藉由先發生的跑步來觸發。

回到原點

從旁觀者的角度來看，追求卓越可能很有趣。當然，這有可能是有趣的，但我們通常只看到運動員光榮勝利的時刻。換句話說，就像我們在第一章所提到的，我們往往只看到最終結果，卻忽略了達到這成就所需要的過程。運動員展現出最好的時刻，**往往是長期堅持不那麼有趣但很重要的行動的成果，這些替成功奠定了基礎**。[16]這就是丹尼爾．錢布里斯（Daniel Chambliss）在關於奧運游泳選手的練習與習慣的研究中所提到的「**卓越的平凡**」（the mundanity of excellence）。[17]他在結論中提到，「這些運動員所做的事頗有趣，但是他們也只是做了一些訓練讓自己游得很快而已。這一切都很平凡。當我朋友說他們的經驗其實不太令人興奮時，我只能說：『這就是重點。』」

我們的目標與抱負也是如此。雖然實現目標振奮人心，也對個人有意義，但**必須透過專注於每一個步驟才能實現目標**。當然，你的目標不用跟奧運有關，很少人能做到這點，大多數人的目標是更基本的。如同蘭道兒強調，有時候，這個目標就只是想要活得長壽和健康。

Chapter

07 你在怕什麼？

如何處理對失敗的恐懼及對成功的威脅

一些調查指出，人們對於上台演講的恐懼程度勝過死亡。

這不難理解，因為對許多人來說，在面對群眾時會覺得赤裸裸，且無法逃離當下的環境。在這種脆弱的情境之下，我們會經歷上台演講的焦慮狀態：觀眾可能會對我們進行負面評價的心理威脅。[1]

更令人焦慮的是，我們之所以要上台演講，是因為有人要聽我們所說的內容。我們可能需要告訴同事某項專案的進度、在葬禮上悼念友人、在學校裡對同學與教授做簡報，或者在會議中報告某項領域的專業內容。這些場景都會觸發壓力反應，就像在第二章提到的，紐西蘭黑衫軍在二〇〇七年那場比賽中所出現的失常狀況。焦慮導致我們喉嚨發乾、呼吸急促，而這些對演講都沒有幫助。我們因為預期觀眾會給自己負面評價，可能覺得無助、失去控制、思緒亂成一團。[2]無論是什麼情況，不禁讓人想到一句俗語：「做一個消除一切疑慮的出頭鳥，還不如保持沉默被當成傻子。」

幸好，我們大多數不喜歡上台演講的人，並不需要經常這麼做。然而，當我們在挑戰自我的時候，我們經常會面臨類似的恐懼。特別是在做計畫或剛開始的階段，這種害怕失敗的心情讓人綁手綁腳。對於諸如開展新事業這類的長期目標，或諸如跑半馬這類帶來壓力的活動來說，都是如此。對成功的潛在心理威脅可能會成為自證預言，並干擾我們發揮最佳表現的能力。本章將探討如何避免讓這些恐懼影響我們。

沉重的負荷

想看看，如果你大學剛畢業，就入選國家奧運田徑隊，並跟Nike簽下合約，難道不讓人欣喜若狂嗎？但你是否也感受到這份成就所帶來的殷切期望的重量？

這就是霍曼在一九九〇年代早期所經歷的事。霍曼在一九九二年贏得NCAA的一千五百公尺冠軍，並從喬治城大學畢業。就在同一個月，他在奧運選拔賽排名第二，入選當年夏天巴塞隆納奧運的國家代表隊。二十二歲的霍曼一下子聲名大噪，出現在雜誌與各種版面當中，被譽為「下一個美國頂尖跑者」，與世界聞名的跑者相提並論，像是奧運金牌暨前世界紀錄保持人吉姆・萊恩（Jim Ryun），以及史帝夫・史考特（Steve Scott），他是史上最多次在四分鐘內跑完一英里的人。

「那些文章一出來的時候，我就感受到沉重的負荷。」霍曼說。「這對我來說沒有激勵的作用，似乎邏輯說不通，但這就是我的反應。從那時候開始，我就給自己莫大的壓力，希望自己配得上這個頭銜。當我有機會來證明我是下一個美國頂尖跑者的關鍵時刻，我卻缺乏應對壓力的技巧，導致無法拿出最好的表現。」

霍曼並不是一直沒有發揮出他的潛力，他是一九九〇年代在一千五百公尺跑最快的美國人，也曾兩度排名世界第五。第九章會有更多他的故事。霍曼主要是在全國錦標賽中遇到挫折，儘管他的成就比大多數對手高出許多。

想在運動和生活中取得成功，在一定程度上取決於我們如何看待加諸在我們身上的要求。**我們可以正面回應，將這個情況視為挑戰；或者負面回應，將情況視為威脅。**[3]

面對即將到來的事件，不管是比賽或演講，如果我們將其視為挑戰、躍躍欲試，我們會感受到更正向的情緒，像是興奮。在挑戰狀態下，我們的注意力會更集中、更能做出正確的決策。最終，我們就會表現得更好。但如果我們將這事件視為威脅或負擔，那我們就會感到更焦慮，無法專注與清晰思考，只想逃避即將到來的事件。這些威脅反應會讓我們表現不佳。

那麼挑戰與威脅反應之間的差別是什麼呢？我們能做些什麼或如何思考，來把威脅狀態轉變為挑戰狀態呢？我們在第二章學到，**重要的並不是情況本身，而在我們對於情況的評估**。

當在評估任何情況時，我們會思考兩方的資訊，就像天秤一樣。其中一方是我們認為**在這個情況下需要的什麼**，這個需求會因事件而異。例如在一千五百公尺賽跑時，我們需要非常努力才能打敗同樣意志堅強的對手。在工作面試時，我們需要回答面試官提出的各種問題。在公開演講時，我們可能會認為要用對的方式說出正確的內容，才能讓觀眾留下好印象。

另一方則是**我們擁有的資源**，也就是我們的技術與能力。更具體來說，就是我們認為自己擁有哪些技術與能力，以及我們覺得可以運用它們做什麼。在這個評估的過程中，跑步選手可能會評估自己是否跑得夠快、體力夠好，或者是否有在激烈賽事中保持冷靜的心理技巧。當你要演講的時候，你可能會評估自己是否具備跟觀眾溝通的能力。當我們認為自己沒有這個情況所需要的技術與能力時——也就是此需求超出我們的能力範圍，那麼我們就會出現威脅反應。

尤其，當這件事情的重要程度越高、對個人的意義越大時，我們的威脅反應就越強烈。我們的評估可能會導致強烈的威脅反應，正如霍曼所說的，因為我們認為自己並沒有「擁有正確的技能（資源），來應對這種壓力（需求）」，以發揮最佳表現。

有三個關鍵因素的相互作用，決定了我們對資源的評估，進而決定我們會經歷挑戰狀態還是威脅狀態。這三個因素就是**我們關注的目標、我們對控制的看法，以及我們的自信**。你可能會發現，我們已在前面幾章學到與這三個因素相關的心理工具。這很不錯，因為使用這些技巧，有助於幫你為生活中的更多挑戰（更少威脅）做好準備。在這裡，我們會教你如何運用這些技巧來幫你為下一個重要事件做準備。

第一個因素，就是我們設定並專注的目標類型。[4]當我們專注於結果，像是擊敗對手或不負他人期望，可能會發生以下兩種情況。我們要麼努力證明自己比別人優秀，要麼盡力避免與他人比較，因為我們擔心自己被認為差人一等。因此，如果被稱為「下一個美國頂尖跑者」的選手，不認為自己名符其實，在比賽中可能就無法專注於目標，而是想著「我不要看起來比別人弱」。因此，他可能會產生威脅反應，最終無法發揮出他應有的實力。

另一種類型的目標是**精熟目標**（mastery goal），則是試著表現得比自己的標準更好。不強調要跟別人比較，而是專注於眼前的任務，並將自己的技術與能力發展到我們所能達到的最高水準。**當我們努力提升自己，努力學習和掌握能讓自己進步的新技能時，就有助於激發出挑戰狀態**。

本書介紹的許多工具能幫你專注於精熟目標，讓你轉移到挑戰狀態。你可以專注在過程目標而非結果目標（第一章）。這些循序漸進、可控制的行動，能幫助你滿足情況的需求。這可能會需要一些情緒調節的策略（第二章），讓你保持冷靜與沉著。你也可以透過觸發詞來避免想太多（第三章），讓你專注在你必須採取的關鍵行動上，以達到最佳狀態。這與確保你有一個有用的自我對話清單（第四章）相輔相成，來管理可能會出現的各種負面想法。

決定我們出現挑戰或威脅狀態的第二個關鍵因素，是我們認為自己有多少控制程度。當我們認知到自己有高掌握度——專注在我們可控制的事情，並接受有些事情我們無法控制（第三章），能夠產生有用的情緒，像是興奮，這可讓我們處於挑戰狀態。相較之下，如果專注在我們控制不了的地方，像是霍曼把心思放在記者寫的報導，就會產生焦慮、擔憂和威脅反應。

第三個影響我們對重大事件反應的因素，就是我們的自信。讓自己更有自信，相信自己擁有滿足情況需求的技能、戰術、身體或心理技巧，對我們出現挑戰或威脅反應有相當大的影響。但這並不是我們能假裝出來的。如在第五章傳奇高爾夫球選手尼克勞斯提到的，要獲得並維持自信，只有一條路，就是努力。透過學習像運動員一樣思考來發展我們的心理技巧，是這個過程的重要步驟。

霍曼最終克服了他在全國錦標賽的心魔，但他剛開始進入先鋒領航上班時，又再次因為想像他人期望而感到焦慮。霍曼除了職業跑步選手之外，沒有從事過其他工作，因此他仰賴他在運動員時期培養出的自信工具，來駕馭新的環境。

「我能夠拿出符合我能力的表現，跟我相信自己百分之百會成功有關。」他說。「當我在先鋒領航的時候，一開始我是非常小心和膽怯的，因為我對那樣的環境沒有太多自信。但我覺得我應該有這些技術與能力。顯然聘用我的人認為我能有所表現，很多時候，別人比我還更相信自己。一直到我跨過那個『我做得到』的障礙之前，我沒有什麼自信，而且我清楚知道這影響了我的表現。」

對於威脅的思考

另一種威脅跟他人或自己的期望無關。當我們想要拿出最好表現時，腦海中可能會出現各種出錯的狀況，器材壞掉、後勤出了問題、發現對手比我們厲害許多等等。我們也有可能陷於對事情將如何發展的擔心之中，你可能認為這就是緊張的感覺，但這其實是一種身心現象。

即使是有成就的運動員也會經常思考這些威脅，但更成功的人懂得以有用的方式正面迎戰這些威脅。

我們來看看布莉安娜・斯塔布斯（Brianna Stubbs）的例子。斯塔布斯出生於英國南部沿海城鎮普爾，二〇〇四年，年僅十二歲的她，成為划船橫渡英吉利海峽年紀最小的人。之後，她專注於兩千公尺的奧運划船項目。二〇一三年，她與搭檔艾蓮洛・皮格特（Eleanor Piggott）贏得輕量級雙人雙槳世界錦標賽二十三歲以下冠軍。在二〇一五年和二〇一六年，她是世界錦標賽英國輕量級四人雙槳隊的成員，她與隊友分別獲得了銀牌和金牌。

你可能認為斯塔布斯就像是划船機器，但事實上，她經常被所有事情可能出錯的想法所困擾。

即使她很喜歡比賽，「我仍然會擔心我想要的結果會如何展開。」斯塔布斯說。「比賽的可怕之處在於你會表現不佳，或者在並排的划船比賽中，別人表現得比你好。很難控制所有這些想法與感受，像是如果我們在比賽開始五百公尺時划得非常好，但前面有一艘船怎麼辦？」

但斯塔布斯沒有讓這些想法給困住，而是使用她所謂的「情景規劃」（scenario planning），以及我們提過的若則計畫，來讓自己冷靜下來並做好準備。

「情景規劃是一項強大的工具，」斯塔布斯說。「你可以表達自己的感受並去處理它，同時你也可以聽到隊友的感受，然後你們會取得共識，如果你們最後真的陷入這種情況時，就會知道該怎麼做。」

「我們甚至對比賽之外的事也會用情景規劃，像是在暖身時器材出問題，或者遇到什麼狀況導致無法從下塌飯店到達比賽現場。如果能提前討論這些，對團隊來說會很有幫助。」

斯塔布斯的情景規劃，像是器材故障或後勤出問題，就如同第一章提到菲爾普斯與教練所做的若則計畫。然而，你可能會想，這要如何與「專注於可控制的事情」工具一起運用呢？為什麼要花時間去思考那些可能永遠不會發生，且在某種程度上超出我們可直接控制範圍的事呢？

關鍵在於：**雖然我們不總是能控制事情的發展，但我們可以計畫並控制自己對事情的反應**。即使已做好充分準備和檢查，但有時器材還是會出問題，就像菲爾普斯在二〇〇八年奧運兩百公尺蝶式決賽的泳鏡。沉著回應這些事件——例如保持正念、專注在過程中，而非驚慌失措，能讓我們在當下有更好的表現。正如同斯塔布斯所說：「我學到一件事，就是將終點線想成彈簧床。一旦你想到終點線，就要讓想法彈回到你現在正在做的事情上。我學會如何保持在當下並專注於過程。」

我們可以將類似邏輯運用到非運動場合中所出現的焦慮情況，像是上台演講。在等待上台前，我們可能會想「如果我的投影片打不開，或找不到我準備的筆記怎麼辦？」「如果觀眾覺得我對自己講的東西根本不了解怎麼辦？」或者「如果觀眾對我的提問沒反應怎麼辦？」（最後一個問題，可以看第一章諾爾的做法。）

就像運動員學到如何管理賽前的緊張情緒，我們可以用這本書裡的工具，來應對生活中重要事件發生前的焦慮感。例如我們可以使用放鬆技術，像是深呼吸或漸進式肌肉放鬆法（第二章），並想像難度節節攀升的演講情境，這個過程稱為「**系統減敏感法**」

（systematic desensitization）。[5]你可以從簡單的開始，想像自己在房間練習，到想像重複在觀眾前面演說，再到想像講到一半時投影機故障，投影片秀不出來。「系統減敏感法」可幫助我們在壓力下或面對突發事件時，能保持冷靜、自信與控制。

我們已了解到重新評估（第二章）能幫助運動員在重大賽事之前管理自己的疑慮。對於即將要演講或面臨某種活動而感到焦慮的人來說，重新評估也很有幫助。如果是與專業的治療師一起進行，對公開演講焦慮的重新評估，會從討論對於公開演講的恐懼開始，來辨認出負面陳述與不理性的想法。接著，治療師會協助個人挑戰這些想法，並引導出更多有幫助的陳述，像是在遇到不順利或出現沒用想法時，告訴自己「我做得到」（自我對話，第四章）。

就許多方面來看，對公開演講焦慮的重新評估策略，跟斯塔布斯與隊友在國際比賽前完成的過程非常相似。划船隊隊員透過表達自己的感受，並計畫他們會如何應對不利情況，互相重新評估情景，將其視作他們能夠克服的挑戰，而不是需要害怕的威脅。

其他重新評估策略也很有用。如同我們在第二章看到的，運動員可能會認為觀眾對他們的表現並不會造成影響。同樣的，不管是在運動或非運動的事情上，像是唱歌或演講，將焦慮重新評估為興奮感，都會對你的表現有所幫助。

最後，別忘記，你的表現是經年累月不斷練習的最終成果（馬拉松冠軍柯非斯基認為重要賽事就像是畢業典禮）。如果你是要上台發表的學生，很有可能在此之前你就非常努力，才能參加這項課程計畫。如果你要負責一個重要專案，你可以想成你被賦予一個大展長才的難得機會。

如同斯塔布斯所說：「當我在起點線，緊張的情緒來到最高峰時，會去想我能出現在這裡，這是多麼難得的事。我們常說，沒有什麼是比起點線讓我們更願意出現的地方了。或許比賽前一晚在飯店裡，我們容易以負面、有壓力的方式去思考比賽的事，但如果你去想想那些所有想出現在這起點線的人，就能以正向的心態來看待。」

天才是九九％的努力

斯塔布斯除了拿過兩面世界錦標賽金牌外，還是生理學博士，她是酮酯（ketone ester）這項深奧領域的權威之一，酮酯被認為對運動、健康和認知都有好處。

「我沒有別的意思，但有些運動員可以很簡單地就把大腦裡的開關關掉，」斯塔布斯說。「而我總是過度思考，我沒辦法不經分析和思考就去行動。我必須學習變通的方法，才能當個聰明的運動員。」

「我們有非常棒的心理團隊的支援，」斯塔布斯說。「每一位隊員都能尋求協助，但不是每個人都會使用這項服務，我大概是頭號使用者。我覺得花時間了解自己的心理狀態是有益無害的。」

當霍曼開始為全國錦標賽奮戰時，他的朋友好心安慰他說：「你只是太聰明，想太多了。」我們將會在第九章看到，在他成為奧運選手並獲得世界排名第五許久之後，霍曼才開始找運動心理學家做諮詢。

這裡的重點，並不在於像斯塔布斯與霍曼那樣聰明的運動員是「好」或「壞」。光靠聰明，並沒辦法贏得冠軍。斯塔布斯與霍曼積極尋求提升自己的心理技巧，以成為最好的運動員。他們了解到認識自己並加強需要改善的心理層面有多重要。

在這方面，斯塔布斯與霍曼在頂尖運動選手中並不是獨一無二的。雖然許多人認為天賦是與生俱來的能力，但我們認為「運動員的天賦」在於，他們學習並熟練這些心理工具，來應對高壓比賽情境的需求。例如奧運滑雪冠軍蘭道兒，就把她的成功歸因於她在職業生涯之始學到的工具，這些工具她已練習了十五年。

蘭道兒在二〇〇二年進入美國國家隊的時候，她和隊友跟著一位心理系研究生練習心理技巧。「她帶我們完成一系列頂尖的心理訓練技巧，」蘭道兒說。「能夠學到各種不同技巧是很棒的事，我們在每堂課開始前會對自己的想法進行評分，上完課後再評一次分。在整個課程結束時，我們可以選用覺得對自己最有用的技巧。」

聽起來很熟悉嗎？蘭道兒所說的就是我們在前言提到的優勢報告這項工具，你可以在附錄一找到它。

雖然蘭道兒在青少年時，父母和教練就教過她這些工具，像是正向自我對話，她說：「這樣做對我很有幫助，而在這裡有些方法可以調整它，讓它的效果更好。」

天才的一部分就是知道自己有什麼不足，以及有哪些地方可以再進步。有了這些量身打造的工具，你就能面對並解決恐懼，重新定義你所認知到的威脅，它們就不會成為你發揮最佳表現的阻礙。

Chapter

08 維持動力

強勢起步後如何保持正軌

一項對一千多名成人所做的調查顯示，最常見的新年新希望前五名分別為：多運動、吃得更健康、存錢、自我照顧（像是花時間放鬆、更充足的睡眠）以及多閱讀。[1]

你應該可以猜到結果如何。高達八〇%的人在開始兩個月內就放棄了自己的決心。[2] 定期上健身房這種看似堅定的新年新希望，更凸顯出這個問題。多達四七%的人在加入會員的兩個月內開始不去上運動課，九六%的人在一年內會放棄。[3]

即使看似最認真的人也無法對這種情況免疫，偏離軌道是司空見慣的事。我們可能在報名一場比賽後，最初幾個禮拜興致勃勃地進行訓練，但後來訓練的時間越來越少。也許我們打算一天要吃五種蔬菜，但一個月之後，我們開始說服自己洋芋片也算蔬菜的一種。

或者我們計畫每週去上瑜珈課或每月參加讀書會，但六個月之後，就把瑜珈課、讀書會都拋在腦後。

這通常不是因為我們缺乏意志力，也不是我們不夠「想要它」（無論它是什麼）。一開始很有衝勁後來卻半途而廢，是因為我們手邊沒有良好的工具，來處理這個普遍存在的問題。

建立成功的日常慣例

在努力實現目標的最初幾天與幾個星期內，我們有很高的機率半途而廢，回到舊的行為和慣例中。我們能向成功的運動員學到許多改變行為、堅持目標與實現抱負的方法。

我們來看一下十九次世界冠軍與四次奧運冠軍的體操選手西蒙・拜爾絲（Simone Biles），在加州大學洛杉磯分校念書時的日常行程。[4]

上午7:00　起床、刷牙、化妝、整理頭髮

上午8:00　早餐吃玉米片或蛋白

上午9:00　暖身，把重點放在「基礎和技巧」
中午12:00　午餐吃高蛋白的雞肉或魚肉
下午1:00　休息
下午2:00　吃加入香蕉和花生醬的高蛋白奶昔當點心
下午3:00　到健身房訓練，把早上練習的內容加進來
下午6:00　在健身房或家中進行物理治療
下午7:00　晚餐（最喜歡的健康餐是鮭魚、飯與紅蘿蔔）
下午8:00　家庭時光
下午9:00　做作業
下午11:00　關燈睡覺

成功運動員所需要的要素都在裡面了。更重要的是，這些其實也是許多人都渴望卻難以長久維持的正向和健康的行為，包括最常見的一些新年新希望：定期運動、吃健康的食物、專注於自我照顧的活動，如充足的睡眠、花時間休息和放鬆。

我們之所以半途而廢、無法堅持下去的原因有很多。其中一個是因為改變行為通常意

味我們要努力克服舊習慣，像是坐在沙發上看電視或吃垃圾食物，我們往往容易重新陷入這些習慣。

改變行為可能需要高度的自我控制。不過，就像我們在第一章所了解的，自我控制能力是一項有限的資源。當我們自我控制能力變得很低時，像是我們很累或已經抗拒誘惑了一陣子，通常就會屈服於誘惑，導致我們之前試著改變習慣的努力前功盡棄。

我們就舉最常見的新年新希望為例——不要黏在沙發上、要更常運動。我們能夠成功堅持運動，或是一開始很順利但後來放棄，這涉及兩個關鍵過程。[5]

第一個是**我們跟運動有著自動的連結**。當你想到各種不同的運動，你會自然而然地認為運動是有趣和好玩的嗎？是你喜歡做的事，而且感覺很棒嗎？或者你想到運動就背脊發涼，因為你認為運動很無聊、費力和痛苦，而讓你覺得不愉快？

當然，你的反應可能並不是兩者之一那麼簡單。你可能喜歡某一些運動，但不喜歡另一些運動。本書兩位作者都是熱愛跑步的人，我們從跑步中得到許多樂趣。當諾爾想到跑步時，他腦海中就充滿了愉快的聯想，像是感覺自由、放鬆和恢復活力。這就是他的個人時間。他也會想起一些最棒的跑步經驗與他當時的感受。史考特也從跑步得到許多樂趣，還出了一本書《跑步就是我的治療》（*Running Is My Therapy*，暫譯）。

不過，當諾爾想到高爾夫的時候，就立刻出現不愉快的感受。因為他以往的高爾夫球經驗都不是很好，通常在長長的草堆裡找球找得滿肚子氣（他常想這片綠地要是能用來跑步該有多好）。

這些感受很重要，我們大致能得出這樣的結論：我們傾向於重複感覺良好的行為，並避免感覺不好的行為。這就是為什麼史考特與諾爾每天跑步，而不會常去打高爾夫。

這還牽涉到第二個過程，這就是自我控制變得重要的地方。有些事不總是讓人感覺很好，但我們仍然會去做。即使對史考特與諾爾來說，也不是每一次的跑步訓練都是愉快的。間歇訓練、重複的山坡或數小時的長跑，都會讓人疲憊不堪。有時候，一想到這種訓練會帶來的感受，就會讓我們想去做較輕鬆的運動，或者根本就不去運動。

因此我們也要去反思**這些事情和我們的目標與價值一致**。反思我們的目標，意味著思考我們正在為比賽進行訓練並希望能取得好成績。反思我們的價值，意味著考慮對我們來說什麼是重要的。[6]例如我們可能認為努力工作、挑戰自我以完成任務、保持紀律、放棄短期快樂以追求長期承諾是很重要的。[7]這些反思可能會提供足夠的動機與方向，讓我們踏出家門，開始運動。

但這個過程——完成一件我們知道不總是讓人感到開心，也得不到立即回報的事——

就需要自我控制。當我們動機與意志力低落的時候，就會開始找藉口做別的事，而不是去運動，雖然運動才符合我們原先的計畫與想法。

這方面的研究有許多重要意義。其中一個就是如果你想要改變你的運動行為並更常運動，那麼做一些你覺得開心和享受的運動，會有所幫助。如果跳舞讓你開心，或者你從跟朋友踢足球中得到樂趣，那你可以挑這些運動來做。聽有聲書或聽音樂，或者在自然環境中運動，能夠提供正向的分心，讓運動感覺更輕鬆愉快（分散注意力，第三章）。從長遠來看，你更可能會持續做你覺得開心和享受的運動。許多告訴你哪種運動「最好」的建議，都忽略了讓你愉悅這項重要因子。對你的健康最好的運動，就是你最常做的那一種。

然而，這不代表它總是讓你覺得很愉快，有時候你甚至會覺得很糟糕。在這種情況下，其他工具就能派上用場。那些傾向於重複進行與其價值觀和目標一致行為的人——像是每天運動和避免吃洋芋片以保持健康，或者為了準備考試避免使用社群媒體——他們會使用相對輕鬆的策略來堅持這些行為。[8]**祕訣是要避免依靠意志力來克服分心或抵抗誘惑**。

這樣的策略是要去**辨認並避免你需要努力進行自我控制的情境**。舉例來說，如果你想要吃得健康，但經常無法抵抗洋芋片的誘惑，那麼在購物時就不要走到零食區。這樣一來，就不會有一袋袋的洋芋片出現在家中來誘惑你。

同樣的，如果你要準備重要考試或打算閱讀更多書，希望避免被社群媒體分心，那麼就把手機關機並放在別的房間。這樣做，你就能避免滑社群媒體，因此不太需要自我控制就能完成你的讀書計畫或閱讀活動。

當然，前述的第一項原則也適用於此。如果你不喜歡垃圾食物，比較喜歡新鮮水果與蔬菜，那吃得健康就不用花上意志力。同樣的，如果你不喜歡使用社群媒體，或者覺得社群媒體很無聊，你就不需要透過自我控制來抵抗社群媒體造成的分心。

你可能有注意到，辨認和避免需要自我控制的情境，是基於我們在第一章提過的若則計畫。**若則計畫可幫助你維持在正軌，減少需要靠自我控制來克服分心或抵抗誘惑**。換句話說，你可以使用若則計畫來創造出一個解決方案，減少你對分心物或誘惑的接觸。

某些行為，像是建立健身習慣，**獲得他人的支持**也有助於讓你堅持下去。[9]找一個一起訓練的朋友，可以讓健身房或運動的環境不那麼可怕。[10]跟朋友聊天也可以提供讓人愉快的分心，有助於讓運動過程感覺良好。制定一項健身計畫，並與朋友相互承諾，可以減少你對內在動機與自我控制的依賴。當你跟朋友一起制定計畫時，你就更有可能去運動，特別是在你缺乏動力的時候。

幫助你維持正軌並減少對自我控制依賴的最後一個重要策略，就是**一步步建立新習慣**。就定義上來說，習慣是一個不需要動機或不用想太多，就能執行的自動化行為。換句話說，習慣較少依賴意志力，因為我們不需要計畫或決定就能完成這些行為。因此，即使你覺得疲累、工作壓力大，或快要被誘惑分心時，仍然很有可能完成已經成為習慣的行為。如同我們在第一章所學到的，遵循那些步驟來擺脫不良習慣並形成新的習慣，對於成功改變並維持一系列的行為（像是吃得更健康、定期運動）很有用。

雙眼緊盯獎賞

然而，不幸的是，我們有許多人喜歡吃垃圾食物，喜歡看電視或攤在沙發上而不是去運動。同樣的，在工作的時候，我們會找一些理由花許多時間在社群媒體或其他誘人的干擾上。舉例來說，當你在寫一本書時，你可能覺得自己的頭腦目前不適合寫書，於是滑著推特或玩填字遊戲，好好休息了一番，直到你覺得自己準備好要工作了。

如果你覺得這些情境感覺似曾相似，那這些就是讓你無法完成長期目標的分心之物與誘惑。雖然有時向分心或誘惑屈服一下沒什麼大不了，但它們的傷害會暗中加劇。**經常告**

訴自己「只要這一次就好」，這會讓你在一開始就無法建立好習慣。

我們能向運動員學習的一件事是，**朝著目標努力的「最佳」時間，就是現在**。一個星期裡面的大部分時間或所有時間，都應該盡力而為。如果要等待最佳的身體狀態、精神狀態或最適合的天氣，意味著你永遠沒辦法開始。當你在這些情況下受到誘惑或分心時，提醒自己，你曾經下雨了還去練跑，或在睡不好的隔天早上仍舊去健身房。然後就開始吧！

這些情況也再次提醒我們，**好的目標有多麼重要**。如同我們在第一章所述，好目標的一個面向，就是能夠讓你逼自己去實現它。如果目標是你已經做得到的事，那有什麼意義呢？需要逼迫自己的原因是，我們偶爾會想偷懶，像是在工作時逛社群媒體，或是選擇睡覺而不是去運動。

我們在第一章也提過世界知名生物學家、前超級馬拉松冠軍海因里希。海因里希相信，挑戰長期目標是人性的一部分，他稱之為「替代性追逐」，也就是老祖先狩獵的現代版本。他認為，演化論偏愛那些就算看似徒勞無功依然持續打獵的人，而且我們心理上仍擁有那種眼睛盯著獵物（獎賞）的特質。

對海因里希來說，跑步之於訓練，就像是在大自然中散步之於做研究。訓練與研究，都需要有耐心才能取得成果，無論是個人最佳表現或生物學上的突破。

「跑步很有趣，但訓練不有趣，整天在樹下坐著看烏鴉也不有趣。」他在談到他的研究時說。「只有在你有願景、有特定的目標時，才能做到這一點。你必須忍受苦差事。研究跟跑步很像，你必須全力以赴去追求目標和贏得獎賞。」

海因里希所說的「苦差事」，也就是「那些你覺得快要失去動力，想要放棄朝目標努力的時候」。有一名比海因里希年輕數十歲的跑者兼科學家，在堅持運動和日常生活方面也採用類似的方法。

莉莉恩・凱・彼得森（Lillian Kay Petersen）來自新墨西哥州的，是二〇二〇年雷傑納榮科學獎得主，這是為美國高中生舉辦的科學與數學競賽（這個獎成立於一九四二年，海因里希出生兩年後）。

彼得森獲獎的研究是利用衛星圖像，在收成之前三到四個月預測非洲每個國家農作物產量的模型。「我建立這個模型的原因是，發展中國家對乾旱與食物短缺問題的反應通常比較慢。」她說。「衣索比亞在二〇一五年到二〇一六年遇到一次大乾旱，有一千八百萬人遭受飢荒威脅。各機關對於這個危機毫無準備。因此我想找一個方法，隨著乾旱的發展來監測農作物的健康，幫助各機關即時做出反應，避免未來的糧食危機。」

彼得森現在是哈佛的學生，她從七年級開始，每年至少完成一項研究，其中有兩篇論文刊登於有同儕審閱的期刊上。她還從七年級時開始跑步，並表示她從跑步中學到的思考技巧，是她在科學研究上獲得突破的關鍵。

「我將注意力集中在我的目標與我想要達成的事情上。」她談到困難的跑步訓練或比賽時說。「我知道如果我偷懶或選了更輕鬆的路，就無法實現那個我一直努力想實現的目標。」

彼得森把這種專注於目標的心態用在研究上。「研究從來都不是一件容易的事，」她說。「這是需要經年累月努力的工作，而我同時還有好多事情要做。你必須願意經歷上坡，也就是撐過研究中困難的部分，才能到達山頂，實現目標。接著才能輕鬆地下坡，得到所有認可，這感覺非常美好。但首先，你必須非常努力。」

「在跑步的時候，有時跑得好，有時跑得不好，就好像有上坡與下坡。」彼得森說。「在做研究的時候，有時很有趣，但有時你就是一直盯著電腦看，因為你不知道哪裡出問題，而且困難到讓你想放棄。但就像跑步一樣，這總是有回報的。因為你知道每天的訓練會使你的體能增加，讓你離目標更近。研究也是有回報的，因為你每天所進行的工作，就是在累積你的技能，你會越來越熟練，並越來越接近目標，不論是看到研究結果、完成研究計畫或發表論文。」

關於有意義的目標和價值觀如何幫助我們抵抗誘惑和分心，彼得森在這一點也有話要說。

「透過跑步，我學到滿足感與短期快樂的差別。」她說。「為了滿足感而辛勤努力是值得的，隨著我在努力達成目標之時，我發現很多其他的事，像是看電視或逛社群網站，對我來說並沒有價值。這些是你當下會覺得快樂的事，但不會為你帶來長期的成功或滿足感。」

Chapter

09 混亂之中

如何且戰且走，不過度思考

本書有許多內容是關於如何處理在遇到挑戰時那些小小（或者算不上小聲）的聲音，要你「退後」、「放棄」、「下次再說吧」，以及其他毫無幫助的事情。但這些質問自己是否夠格的時刻，並不是我們無法展現出最佳表現的唯一阻礙。

我們也會被兩種看似衝突的現象所阻礙，也就是**想得不夠清楚，或是想得太多**。「想得不夠清楚」，是指無法根據情況的需要來調整我們的思維方式。「想得太多」，是指我們陷入無止境分析事情的走向。這兩者都會對我們的表現有害。

當我們不知道如何適應、困在自己的想法中走出不來時，通常是在我們進行挑戰達三分之二的時候，腦海中的小惡魔聲音就會出現。在本章中，我們將探討如何處理這些問題，以利繼續努力取得最佳結果。

且戰且走

萊恩・霍爾（Ryan Hall）在二〇〇七年參加了Gate River Run，讓這場賽事成為史上最引人矚目的十五公里路跑之一。霍爾在跑完休士頓半馬後不到兩個月，來到佛羅里達州參加比賽。他在休士頓締造了五十九分四十三秒的美國半馬紀錄，成為首位在一小時內跑完半馬不是非洲人的選手。

比霍爾的紀錄更讓人印象深刻的，是他跑步時的狀態。就像同一年他贏得美國奧運馬拉松選拔賽時的情況一樣，霍爾在半馬比賽中，似乎完全不受周遭世界的影響。他幾乎全程都是獨自跑完，他的步伐散發著能力與自信，抵達終點線的時候，他看起來精神奕奕，而不是筋疲力盡。

所以當霍爾說他將在Gate River Run挑戰美國人的紀錄時，粉絲都非常興奮。打破陶德・威廉斯（Todd Williams）四十二分二十二秒的成績似乎是極為合理的目標，霍爾在休士頓的一三・一英里內平均每英里花了四分三十三秒，而打破威廉斯的紀錄需要平均每英里快一秒，跑上九・三英里，比半馬還少了幾乎四英里。

但威廉斯的紀錄那天沒被打破（事實上，這個一九九五年創下的紀錄到現在還沒被打破）。與休士頓那次不同，霍爾的身體狀態沒有好到讓他達成他期望的遠大目標。他一開始就沒跑出以往的速度，他在最初的五公里花了十四分十三秒，平均下來是每英里四分三十五秒，比他兩個月前跑的一三・一英里的速度還慢。

在接下來的五公里中，霍爾不僅跑得比目標速度還慢，而且還失去了領先優勢。柯非斯基在休士頓時跑得比霍爾慢了兩分半鐘，這次在第一個五公里之後就超前他了。到了十公里，柯非斯基領先他十四秒，而在終點站時，柯非斯基比他快二十秒，以四十三分四十秒的速度，贏過霍爾的四十四分鐘。霍爾的成績比預期還慢了一分半。

正如我們在第四章所看到的，柯非斯基在他的漫長職業生涯中，是一位自我激勵的大師。其中一個因素，是因為他在比賽時有著靈活、分層的目標，並在發現最想達成的目標無法達成時迅速適應。而霍爾卻經常在比賽中與不可預測性做鬥爭，他經常在爭分奪秒。二〇〇七年Gate River Run的比賽就是這麼做的危險之例，因為一旦他無法從時間上得到正面回饋，就無法沉著完賽。

當然，我們只能推測霍爾在那場比賽中的想法，但根據此書中提到的經驗與證據，我們能提出一些心理工具來幫助你且戰且走，尤其在你需要拿出最佳表現的情況下。**專注於可控制的過程目標**（像是跑得很順利、保持放鬆）而非結果目標（像是打破紀錄），能讓你減少焦慮和增加自信，兩者都能促進更好的表現。**設定短期的子目標**，正如霍爾在他回憶錄的書名所說的，跑著當下的每一英里（Run the Mile You're In），能讓你保持在當下，有效適應不斷變化的環境。這就是第一章「切成小塊」工具的運用。

在第三章我們學到，有時最佳表現發生在我們經過一番苦戰的時候。若將霍爾的休士頓半馬與他失敗的 Gate River Run 相比，你可能會想到第三章提到的心流與抓緊狀態。早期的正向事件，像是以創紀錄的速度跑完第一英里，讓我們知道自己的狀態很好時，心流就會出現。接著，事情就會很順利，我們的自信也會提升。

但如果是在我們必須「使它發生」的日子該怎麼辦呢？在這種情況下，當事情不順利時，我們必須運用不同的心理技巧來解決問題。保持放鬆（第二章）、關注當下（第三章），以及用有建設性並激勵的方式自我對話（你做得到！）（第四章），都能對這一刻有所幫助。

正如我們在第一章所看到的，最優秀的運動員會為挑戰做好計畫與準備，於是他們能夠適應當下。回想一下菲爾普斯在二〇〇八年奧運的泳鏡事件，他是如何沉著應對的。計畫該如何面對「萬一」，可以幫助我們度過最具挑戰性的時刻。

不要被意外嚇到

你可以運用本書提到的其他技巧，來增進自己處理突發事件的能力。再一次讓人想到菲爾普斯，這要歸功他和教練喜歡練習如何應對不太可能發生的特殊狀況。我們許多人都沒有時間能刻意花在那些「萬一」的情況，但你可以**從之前的經驗學習如何應對突發事件，來提升在未來面對這種情況的自信與韌性**。

阿爾維娜・貝格（Alvina Begay）在多年跑步生涯當中，有過兩次極為辛苦的訓練。在她加入知名的Nike奧瑞岡計畫之前，貝格進行過許多辛苦的訓練。但該計畫的教練艾伯特・薩拉札（Alberto Salazar）對「辛苦」的定義似乎跟一般人不一樣。

在遇到薩拉札之前，貝格遇到最辛苦的訓練，是在環狀道路上進行六次的一英里間歇訓練，以五公里到十公里的速度來跑。薩拉札應該會認為這樣的訓練沒什麼大不了，貝格回憶起以前薩拉札要他們做的訓練時，還是心有餘悸。薩拉札曾要她在跑道上跑十次一英里間歇訓練，並要求每次都要比前一次更快。

貝格透過切成小塊、過程目標與激勵性自我對話，來完成辛苦的訓練。她每次只想著目前正在跑的一英里，而不去想全部的魔鬼訓練。在每一次的間歇訓練中，她專注於達到每階段的目標時間；她不斷告訴自己她可以完成這個魔鬼訓練。

她的確完成了，或者至少她相信自己已經跑完了。但就在貝格對完成訓練感到開心時，薩拉札給她一項驚喜：她現在要盡可能快速地跑四次四百公尺（一次相當於一圈賽道）。「我好想哭。」貝格說。但她沒有哭，而是重新調整了注意力，完成這項殘酷的額外訓練。

還有一次，教練要貝格以比她目標馬拉松速度更快一點的速度跑十二英里。這代表要用半馬的速度來跑十二英里。在她快跑完十二英里的時候，她覺得非常累，但覺得這趟跑得不錯而感到興奮，但薩拉札要她用更快的速度再跑兩英里！

薩拉札的策略並非只出現在跑道上。在以實驗室為基礎的耐力研究中，研究人員對受試者經常以這種無預期的十四英里訓練的方式進行實驗。

一個例子是由南非開普敦大學的研究人員進行的實驗，要求十六名經專業訓練的跑者在跑步機上進行三次二十分鐘的跑步。[1]在第一次，受試者被告知他們要跑二十分鐘。在第二次，受試者沒被告知要跑多久，但在跑了二十分鐘後讓他們停下來。在第三次，受試者被告知只要跑十分鐘，但他們在快跑完的時候，研究人員告訴他們還要再跑十分鐘，就像薩拉札對貝格做的訓練那樣。

你可以猜得到，在第三次突如其來的延長時間裡，受試者的感覺比之前還要差。也許更有趣的是，雖然受試者是以相同的速度跑步，但他們認為在那多跑的十分鐘裡，感覺比另外兩次二十分鐘更困難。這跟他們將注意力轉移到自己身體的感受上有關。如同我們在第三章所提到，過度專注於呼吸或肌肉疲勞等身體感受，會使跑步等活動感覺更困難。我們處理這類突發事件的能力，取決於我們在那個時刻選擇什麼心理技巧來控制自己的注意力。

諾爾曾對北愛爾蘭阿爾斯特大學實驗室裡的跑者做了一項研究，採用類似的手法。[2]諾爾想知道跑步的困難度是否影響跑者的速度，他也想知道跑者採用什麼心理策略來處理突發事件。他的研究設計跟開普敦大學的研究類似，讓二十八名專業跑者完成自訂速度的三次跑步，第一次是在平地跑三公里並計時，第二次與第三次則是在最後八百公尺跑七％的斜坡。

第二次與第三次的順序是隨機的。其中一次，受試者在開始前就知道他們最後需要跑七％的斜坡。在另一次，受試者以為整趟都是平地，直到他們在遇到斜坡的兩百公尺前才知道要跑斜坡；也就是受試者在遇到斜坡前不到一分鐘才得知。

正如你所想的那樣，受試者在預期都是平路時，比知道最後會有斜坡時跑得更快。這很合理，我們如果知道之後會有更難的挑戰，通常前面會保留一些體力。

受試者對意想不到的斜坡的反應也很有意思。不管是什麼時候，跑七%的斜坡都不容易，但如果你突然要跑斜坡，也沒先保留一些體力的話，就會更困難。這些經驗豐富的跑者會使用正向和激勵性自我對話，重複說著「繼續前進」。在知情情況下已跑過斜坡的人，則會對自己說「你之前做過這個」。但最讓人驚訝的是，在已知和未知斜坡的情況下，受試者在最後八百公尺斜坡的成績是一樣的。不一樣的是，未知斜坡那一趟的總成績，比已知斜坡那一趟快了十四秒以上。

這項研究的發現——我們如果預期接下來的事情很簡單，就會跑得比較快——大概也就解釋了為什麼薩拉札要讓跑者以為他們要跑得距離比實際距離還要短。教練也會用類似的策略，協助運動員調節在高壓情境下的情緒反應。這類似於波曼對菲爾普斯所做的戰術訓練，讓他知道如何應對在奧運遇到的突發狀況。心理學家將這種策略稱為「**壓力訓練**」（pressure inurement training）。[3]這種暴露在壓力下的訓練，能讓運動員在訓練環境中練習心理技巧，進而在壓力更大的比賽環境中表現得更好。

當然，想用這種方式培養韌性，我們不只需要處在困難的環境當中，而且手邊要有合適的工具來幫我們度過難關。像貝格這樣經驗豐富的運動員，能夠使用一系列的工具，包括切成小塊、專注於過程目標，以及重複激勵性自我對話，來完成這些具挑戰和意想不到的訓練。但不管在運動或非運動的情況之下，如果某一個環境對我們有高度要求，但又沒有提供相同程度的支持，例如沒有教我們應對挑戰的心理技巧，那是很無情的。無情的環境可能是不健康的競爭、嘲笑表現不佳的人、對幸福漠不關心，這最終會導致孤立、壓力與疲憊的感覺。相較之下，如果有一個環境能支持我們，我們就能成長茁壯，發展出遇到困難挑戰時所需要的工具。

「身為運動員，我學到的一些東西幫助我現在能夠處理難關。」貝格說。她指的是她在面對不可控制的事件時，能保持冷靜並繼續前進，協助她納瓦荷（navajo，編按：這是北美人數最多的原住民族群）族人應對Covid-19疫情。在疫情最嚴重的時候，她父親因為中風，被轉移到距離納瓦荷保留區三小時的醫院，她也能夠成為家裡的支柱。貝格說：「我從跑步中學到很多如何應對突發狀況的能力。」

◉如何面對意外

我們想補充一個簡短和重要的觀點，亦即無論是運動或生活中的重要事件，如果沒有按預期進行時，我們該如何反應。

如果你看到埃利烏德・基普喬蓋（Eliud Kipchoge）贏得二〇一五年柏林馬拉松的照片或影片，你可能會想再多看一眼。基普喬蓋希望能在那場比賽中打破當時二小時二分五十七秒的世界紀錄。他穿著一雙Nike樣品跑鞋，但比賽開始沒多久，鞋子就出了問題。雙腳的鞋墊都鬆脫，卡在他的腳跟後。在二六・二英里的比賽中，有二十英里鞋墊幾乎是跟鞋子垂直。

他雖然雙腳起水泡還流血，但他仍保持冷靜並專注在跑步上。他最後的完賽時間是二小時四分，雖然比世界紀錄慢了一分多鐘，但跑出個人最佳成績。他當然因為鞋子出問題而無法打破世界紀錄而感到惋惜，但他知道他當天已經盡力了，心理上也不會覺得過不去。基普喬蓋最後在二〇一八年的柏林馬拉松以二小時一分三十九秒打破世界紀錄，並在隔年秋天跑出低於二小時的成績（這項不到二小時的成績，因為有領跑員陪跑，並獲得其他協助，而未計入官方世界紀錄）。

北歐滑雪健將蘭道兒也曾遇到設備出問題的事故。她是二〇一四年冬季奧運的自由式滑雪熱門奪冠人選，但她連八強賽都沒晉級。

在資格賽的時候，「我滑雪板的速度有點慢。」她說。這意味她和團隊的技術人員沒有為當天的雪況挑選最合適的滑雪板，也沒有上蠟。「我在賽道頂端時領先，我費了很大的力氣才領先，比對手領先那麼一點距離，但當我們要往下滑到場中的時候，我滑雪板的速度不如別人快，所以領先的幅度就被吃掉了。」她說。「在最後那一段路，我就沒有多餘的力氣了。」

蘭道兒僅差〇・〇五秒，就能晉級八強賽，她得再等上四年才能參加下一次的奧運。「我原本準備好要拿金牌，」她說。「我知道我有能力，但我也知道在滑雪比賽中什麼事都有可能發生。我知道我當天已經盡了最大努力，我仍然可以帶著好心情離開，因為我知道一次錯失獎牌的機會，並不能完全定義我和我的職業生涯。」

頂尖運動員通常面對這種情況能沉著應對，因為就像第三章所說，他們專注於可控制的行動，不會把精力浪費在他們影響不了的事情上。如同我們在第六章看到的，柯非斯基告訴自己，他生涯中最糟的一次馬拉松比賽是因為小腿抽筋，那何必要為糟糕的結果自責呢？就像是基普喬蓋與蘭道兒，柯非斯基把這次的經驗當作未來比賽的養分，五個月之後，他贏得波士頓馬拉松冠軍。

有時候，你沒辦法做到你知道自己有能力做的事，可能是因為天氣、設備出問題、糟糕的老闆或差勁的同事，或者因為其他因素。如果像蘭道兒一樣，你能在知道自己已經盡力的情況下離開，那也可算是一場勝利。

別胡思亂想

霍曼在一九九九年贏得一千五百公尺的美國冠軍後，他舉起雙臂，將頭向後仰，做出一種結合了狂喜、感激和寬慰的姿勢。如果你只看霍曼與他競爭對手的成績，會覺得這個舉動好像有點誇張了。他的成績只比對手好一點點，且那天的競爭對手只是國家級的，而不是世界級的選手。

但對熟悉霍曼職業生涯的人來說，不會對他賽後展現的狂喜舉動感到意外。在第七章，我們提過霍曼剛從大學畢業，就因被稱作「下一位偉大的美國跑者」而感到壓力重重。事實上，他的確在大多數時候都很傑出，在一九九〇年代，他是美國一千五百公尺的紀錄保持人。他在歐洲的世界級比賽中，也都盡全力跑出最佳成績。

「比賽跟訓練很像，」霍曼說。「我知道領跑員在第一圈八百公尺的時候會跑多快，你再看一看大家，估計你應該跑在哪一個位置。這對我來說很簡單，我會專心在接下來的四百公尺，跑到正確的位置上。我真的專注在這個任務上，我能關掉心中的雜念，只靠著直覺與本能，讓身體去做訓練時做過的動作，就很像自動駕駛。」

眾所皆知，霍曼在全國錦標賽時常遇到挫折。在全國錦標賽中，若是在奇數年，前三名就能成為世界錦標賽的國家代表隊；若遇到奧運，就能進奧運國家代表隊。通常選手在這類比賽中一開始跑比較慢，中間或許會做一些調整，最後則會為了進入前三名全力衝刺。而獲勝者的成績通常比霍曼能跑出的成績慢上許多。

自從霍曼在一九九二年奧運選拔賽以排名第二的成績開啟職業生涯後，他似乎在每屆全國錦標賽的表現都不佳。一九九三年他因為受傷無法參賽。一九九四年，他沒能晉級決賽，但他對這樣的結果沒有太在意，因為他當時生病，且那年也沒有世錦賽或奧運。

到了一九九五年，就真的出問題了。他在參加比賽之前排名世界第五，感覺狀況比之前都要好，但他最後只拿到第五名，無法成為國家代表隊。

「我犯的錯，就是我會想太多。」他說。「我會想那些所有可能出錯的事情，就好像飲食失調的患者，對自己的認知不夠清楚。我的狀態非常好，但我對任何不太正確的小事過度敏感，一點點小事都會在我腦海中不斷盤旋。」

「我記得我在比賽時感覺不是很好，那種感覺一直揮之不去。我沒辦法讓身體像自動駕駛那樣去做該做的事，而是過度關注自己有多累，這影響到我的自信。我腦海中不斷出現根本就不應該出現的對話。」他說。

一九九六年的奧運選拔賽，霍曼依然沒能拿出好表現。媒體與粉絲（還有一些不友善的競爭對手）公開討論他在全國錦標賽的不佳表現。而霍曼表示：「在選拔賽的好幾個月前，每當我一想到選拔賽的日子，都會覺得非常害怕。」

觀眾可能相信他已經克服了他的過去，他在最後半圈突然跑得很快，進入四分之一決賽。「我覺得這樣看起來很酷。」霍曼笑著說。「我這麼做只是為了讓大家知道我做得到，或許也是向自己證明，我能夠跑到這種程度。」他也贏得了準決賽。「我在那場比賽裡感覺很棒，」霍曼說。「我並沒有感覺到要進入決賽的負擔。」

就跟大多數的比賽一樣，決賽一開始時大家都跑得不快。「我記得我告訴自己，我在這個速度的感覺很糟。我就在想，如果在跑得這麼慢時都覺得很糟，那真的要開始跑起來的時候，我能跟得上大家嗎？」

答案就是：跟不上。在剩下半圈多的時候，霍曼排在第三名，但他並沒有像前面的跑者一樣開始最後的衝刺，他也沒有跑得像身邊把他追過去的那些人一樣快。他從第三名掉到第五名、再到第七名，被別的選手超前，他看起來就像是在向後跑。當跑到終點線時，他排名第十三，只比另一個人快。

「事情從喔喔，變成喔我的老天，到後來我只覺得丟臉。」霍曼說。「事情越來越糟，就好像自證預言，我原本最擔心的事情發生了。最後我想，好吧，你想得還真沒錯。」

霍曼並不是沒有預期到有意外。他知道會有意外，且他讓這個擔心的念頭干擾到自己有能力做到的事情。

「導致這種結果的觸發物，就是全國錦標賽中有許多不確定因素。」他說。「你不知道要預期什麼，而且這類比賽的重要性很大。我太專注於這些事情上，當我在參加這類比賽時，我無法把那些雜念關掉。」

「大家說我的戰術不佳，我真的覺得很困擾，其實不是這樣的。我知道我需要採取什麼戰術，如果我心態正確的話，就能夠做得到。我只是無法持續把雜念關掉，讓自己處在能執行戰術的狀態。」

透過本書所介紹的一些工具，你大概可以想得到一些解決霍曼問題的方法。你可能會認為無論是在運動或日常生活中，**管理不確定性的方法之一，就是專注在我們最能控制的**

地方。如果你有想到這點，你完全正確。當面臨壓力事件時，像是奧運選拔賽，那些專注在可控制事情上的人通常能更有效地應對挑戰。

在第三章，我們提到了一個標出控制地圖的練習，能幫你了解在某個情況當中，你能控制的與你無法控制的是什麼。但就像本書所提到的每個工具一樣，這需要不斷練習。我們遇到的每個情況，都需要將不同因素納入考量。透過使用這些工具，你可能會發現其實你能控制的事情比你想的還要多，我們就以霍曼的奧運選拔賽經驗為例來說明。

首先想看看你控制不了的事情，可能是最容易的。舉例來說，你沒辦法控制媒體、粉絲或對手在比賽前對你的評價，所以忽略這些會是個好主意。你也沒辦法控制比賽的重要性，就像我們在第一章所提到的，專注在比賽的結果（像是是否有資格參加奧運），會讓你更加焦慮。最後，就定義上來說，你也沒辦法控制「意外」的發生，所以擔心這些只是白費力氣。不過，你可以替這些做好計畫並專注在你會如何應對它們。這很重要，因為**當你專注在可控反應的時候，無法控制的意外就不會那麼讓人擔心**。

思考你無法控制的事情時，會凸顯出你能控制的事。透過呼吸與接地技術（第二章）等工具，重新評估情況、重新評估你的想法與情緒反應（像是將焦慮重新定義為興奮），以及保持在當下（第三章），你就能在遇到壓力時控制自己的想法與感受。你可以改變觀點，把威脅視為挑戰。換句話說，透過運用正確的心理工具，你可以影響自己的心理狀態，進而影響你的想法與感受。在模擬的壓力下進行練習，在訓練的時候保持冷靜與沉著應對，你就能創造出一個在高壓情況下應對意外事件的模板。

不過，就算你有一個有效的心理工具箱，以及縝密的計畫與準備，意外還是有可能發生。這時候，一些其他策略會有幫助。**能夠去接受意外的發生，對於心態管理上是很重要的**。有時候，用一種「管他的」的態度，像是自認為想很多的柯爾在NBA生涯中的心態，有助於克服那些無止盡讓人耗弱的想法與無關緊要的干擾。

在多災多難的一九九六年奧運選拔賽之後，霍曼開始看運動心理師。當時使用的一些術語跟現在不太一樣，但霍曼所做的大部分工作跟當前的建議相吻合。

「我不需要為大型比賽而興奮，我已經處於過度刺激的邊緣。」霍曼說。「我需要的正好相反，所以我們做的是一般焦慮管理，包括冥想技巧、深呼吸練習、學習如何讓自己平靜下來。」

霍曼也專注於管理負面想法。「我們花很多時間重新調整，當負面的想法冒出來時，要如何阻止它並用正向的想法取而代之。」他說。與此相關的是，霍曼也做了許多可視化的練習，在腦海中想著他經歷過的重要賽事，並將正向的經驗作為模板。

「我會去想我在歐洲表現很好的比賽，或是過去很不錯的練習。」霍曼說。「我會去想我當時的感受和想法，並試著在身體中找到那些感覺。接著，我會去想即將到來的錦標賽，試著把類似的心態運用到比賽當中。我讓自己放鬆，並同時創造出正向的比賽心態。

「在一九九九年的錦標賽，我感覺自己已經克服了。」任何追隨霍曼職業生涯的人，都會同意他這句話。

Chpater

10 努力與堅持

當事情感覺變更難時，該怎麼辦

試著回想你進行過非常順利的一次訓練或工作。你感覺能主宰一切，你的身心狀態完全符合情境的需求。在第三章，我們討論過這些最佳狀態的時刻，以及達到心流的因素。

現在，回想你過去幾週的訓練或工作。大多數可能是我們覺得「足夠好」（good-enough）的日子，你並沒有火力全開，你可能運用本書中的一些心理工具來幫助自己前進，但你遇到的狀況也不是太有挑戰性。這些足夠好的日子，就是我們在第八章所提過，能幫你朝目標努力的方法之一：回顧過去你感覺不太好，但還是繼續前進完成任務，且做得還不錯的時候。

現在想想那些非常困難的時刻。不知道什麼原因，你在運動時跟不上平常的速度或距離；或者在重要的工作上，你需要更專心，但做得比平常更差。當然，你不會每天都遇到這種情況（如果是這樣的話，你可能要重新思考一下什麼是「正常」）。雖然這些時刻不常出現，但這並不會讓這些日子變得容易。在這一章，我們將探討一些感覺事情變得困難時，可以使用的工具。

轉換標準

柯非斯基在二〇一四年休士頓半馬中跑出絕佳的成績。他會參加這場比賽，是因為他的跑鞋贊助商 Skechers 是休士頓馬拉松的主要贊助單位。柯非斯基最後以六十一分二十三秒的成績贏得冠軍，只比他過去五年來的最佳成績慢了二十三秒。一向樂觀的柯非斯基也對自己驚人的表現感到意外，因為他兩個月前才跑出生涯最差的全馬成績。他離開休士頓時興致高昂，認為他接下來的波士頓馬拉松就是他職業生涯的最後一戰。

柯非斯基擅於設立遠大的目標，但同時也很腳踏實地。他跑完波士頓馬拉松幾個月後就要滿三十九歲，身體狀況不像五年前他贏得紐約市馬拉松時，在長跑和辛苦的訓練後能快速恢復，也鐵定不如十年前，他跑出奧運第二名的狀態。柯非斯基替波士頓馬拉松所做的準備中有一項重大調整，就是把訓練週期從七天改成九天。原先他在每一週都有一次長跑與兩次辛苦的訓練，但這次他在訓練週期中加入了兩天輕鬆跑步的恢復日。

不過，柯非斯基還是練得很辛苦，有許多艱難的日子讓練習變得更困難。舉例來說，他會開始用平常跑半馬的速度來做一英里重複練習，但難以跑到他希望的速度。他是一個在壓力下很會激勵自己的人，他在他的書中描述：

> 如果我做一英里重複練習，每次跑得都比前一次更慢的話，我就會把注意力轉移到平均值。所以，我不會想著『我第一次跑了四分三十五秒，再來是四分三十八秒、四分四十一秒，一次比一次糟』，而是告訴自己「你現在的平均是四分三十八秒，下一趟能夠跑接近四分三十八秒嗎？」[1]

柯非斯基靈活設定目標的方法聽起來很熟悉，這也凸顯了第一章提到的開放目標的好處。**把目標調整到符合現況，是當你感覺事情變得更難時的重要策略**。斯塔布斯在二〇一六年從划船界退休後，成為傑出的鐵人三項運動員，曾兩次獲得半鐵人三項世界錦標賽的參賽資格。她在這項新運動中大多是獨自訓練，與划船生涯多是團隊訓練很不同。她還全職於北加州巴克老化研究所工作，擔任首席科學家。也就是說，斯塔布斯對於在事情感覺更困難時激勵自己並不陌生。

「雖然聽起來有點愚蠢，但這對我很有幫助，就是如果你感覺在十分裡只能做到三分，那你就盡力做到這三分。」她說。「就好像你接受自己沒辦法總是做到百分之百，那就用你現有的能量和條件，盡力去做你能做到的事。」

斯塔布斯覺得這個策略不只對特定日子有幫助，也能替未來的成功鋪路。

「我練得再辛苦也不會半途而廢。」她說。「放棄是一種危險的習慣，因為你一旦開始放棄，就很有可能會再度放棄。我覺得重新思考很有用，能做到三分就盡力做到這三分，或者能做到七分就盡力做到這七分。如果我那天騎車騎得不順，我就會想著，我現在無法騎到兩百瓦特的功率，那我就盡可能長時間保持在一百八十五瓦特的功率。有彈性地設定目標，可幫助你繼續下去和保有動力。」

告訴自己切成小塊

遇到比原本情況感覺更困難的時候，也是運用本書所提到的兩種工具的好機會：第一章的切成小塊，以及第四章的激勵性自我對話。**切成小塊，就是把一個看似難以完成的任務拆分成較小、可管理的部分，並且一次只專注在一個部分。**滑雪奧運金牌蘭道兒這麼描述她如何同時使用這兩種工具：

「隨著當下情況設定目標，對我來說很有幫助，讓我能專注在當下。」她說。「如果你要比一場三十公里的比賽，當你在第一公里的時候，就發現意外的難，你會覺得，這怎麼可能完成？這時候，你要告訴自己，不要一次想著三十公里，只要想下一個公里要怎麼滑，像是跟著這群人一直到五公里的指標。或者看著那個山頂，只要滑到那裡就好。當你到了山頂，你就可以訂下一個目標。這是很棒的工具，讓我在長時間或長距離的比賽中，能專注於一些小目標。」

蘭道兒也將自我對話與其他工具一起運用，像是重新評估（第二章）與正念接納（第三章），讓她在遇到感覺超出能力範圍的情況時，認為自己能夠應對。

「每一個進到你腦海中的想法，你都可以去選擇要怎麼看待它。」她說。「承認每一個想法很重要，但人天生傾向關注那些負面想法，像是『這個速度有夠難』、『對手看起來很強』，或『今天的天氣狀況看起來難度很高。』」

「你可以承認這些想法，但要用正向的心態去重新調整，像是『對，對手看起來很強，但你之前也跟他們比過，你準備得很好，你已經準備好要比賽了』、『好，他們比較厲害，我們來看看跟他們比是什麼感覺，感受一下那個速度』，或『今天的天氣狀況很糟，幸好你兩週前在類似的天氣做過訓練，現在你已經準備好面對今天的比賽了。』」

如同我們在第四章提到，將自己稱為「你」而不是「我」，在這種情況下更有效。蘭道兒提到她的自我對話時說：「我扮演了第三方的啦啦隊長角色，來指導和鼓勵自己，彷彿那就是我自己的想法。當有負面聲音出現時，就會有另一個聲音對我說：『不是這樣，你做得到，你準備好了。』」

回想過去的成功經驗

請注意蘭道兒在自我對話中，提醒自己曾經在惡劣天氣中進行訓練。當事情感覺比原本更困難時，**回想過去成功的例子或堅持下去的例子，會是一個強大的工具。**

柯非斯基在二〇一四年波士頓馬拉松時也回顧了他成功的經驗。他在前面十八次馬拉松比賽的經驗中，他都跟著領先的一群人一起跑，或是盡可能追趕領先的一群人。這麼做有助於節省身體與精神上的力氣，並盡可能保持在前面的名次（在跑大型馬拉松時，如果跟前面十位世界級好手有一大段差距，那是贏不了的）。但那一年的波士頓馬拉松，情況有些不一樣。差不多在五英里告示牌的時候，柯非斯基有著些微的領先。他意識到場上其他十四名個人成績更快的跑者，還在維持初期稍慢的速度。柯非斯基想要跑得快、排名前面，他覺得有機會刷新自己的紀錄，不想錯失這個機會。所以他沒有跟著眾人一起跑，而是奮力往前衝。另一名跑者約瑟夫・波伊（Josphat Boit）跟了上來，但幾英里之後就落後了。波士頓因為前一年的爆炸案受到極大關注，到了十英里告示牌的時候，他還是這場世界最有名的馬拉松中唯一的領頭羊，而他還有十六英里要跑。

他沒有去想：「我從來沒有遇過這種情況，我該怎麼辦？」他想到他做過的訓練，在過去幾年，他幾乎都是獨自練跑。他告訴自己，他很習慣用跑馬拉松的速度一個人跑十或十五英里。如果他能獨自撐過那些困難的練習，現在肯定也能用一樣的速度跑完這場他生涯中最重要的一場比賽。

我們在第五章學到，回想過去的經驗能加強我們的自信，相信自己能做出最佳表現。我們過往的成就，就是激發這種自信的最強大來源。

此外，我們如何看待過往的成就也很重要。如果柯非斯基只想到他是因為前面有個訓練夥伴，所以才能保持他在練習時的速度，或者他在每次練習前，雙腿都得到充分休息，那麼他這些先前的經驗，可能就沒辦法改變他在波士頓馬拉松時冒出來的許多懷疑念頭。將這些訓練歸功於自己的努力，並且回想自己儘管在繁重的訓練計畫下覺得很累，但仍然維持馬拉松比賽的速度，這提升了他對剩下的十六英里的信心。

柯非斯基、蘭道兒與斯塔布斯所使用的策略，也回應了第三章提過的不同最佳狀態的例子。在追求巔峰表現之時，運動員並不是都會進入心流狀態。有時候，當結果岌岌可危時，運動員需要發揮他們的最佳表現。當運動員有意識地努力去達成目標，並使用當下最合適的心理工具，才會出現抓緊狀態的表現。就像柯非斯基、蘭道兒與斯塔布斯所強調的，這些技巧包括有效設定目標、正念接納、重新評估、激勵性自我對話，以及提醒自己過往的成就以增加自信。

回想過去成功的運動經驗，也有助於在非運動的情境下度過困難時刻。蘭道兒經常想著她以往滑雪的日子來度過長達數月的乳癌化療。

「在十分難熬的日子裡，當我感覺很糟時，」她說。「我試著提醒自己，我參加滑雪比賽並經歷生病或受傷時的感受，以及那些日子是如此漫長，但你會希望隔天情況就會變好。我知道在某天我一定會好起來，我當自己的啦啦隊長，提醒自己這一點，一次次提醒自己能度過難關。」

改變你的觀點

牛頓消防隊位於波士頓馬拉松的十七英里告示牌再過去一點，這是到最後一英里前的最後一個彎。柯非斯基在二〇一四年的比賽在那裡轉彎時，他回頭看了很久，沒看到其他跑者。他在四十五分鐘前取得的領先優勢已經擴大，他不知道自己領先多少，後面追著他的選手們也不知道他跑得有多前面。柯非斯基決定在著名的牛頓山上再奮力前進四英里，讓自己保持領先，繼續拋開後面的追擊者。

在舉辦馬拉松時，牛頓山的路面通常會有一些「你做得到！」這類的激勵小語。在二〇一四年，BOSTON STRONG的標語在沿路上隨處可見（編按：前一年的波士頓馬拉松發生了爆炸案）。雖然柯非斯基專注於執行他跑步的策略，也不免注意到當年特別的標語。他不覺得這些是讓他分心的負面影響，而是從中得到力量。他還在號碼布上寫下爆炸案的四名死者名字。這些提示提醒他，這不僅僅是一場馬拉松，而是一場揮別前一年恐怖攻擊的賽事，他想贏得這場比賽。

波士頓人知道柯非斯基追求的是什麼，從他號碼布上的名字很容易可看出。柯非斯基受到鼓舞並越過牛頓山。他沒有忽視鼓譟的群眾，而是利用了這一點來激勵自己。一聲聲的「美國！美國！」使他想為美國人贏得比賽的決心更堅定。柯非斯基偶爾比出大拇指或伸出拳頭向群眾致意。生物力學工程師可能會告訴柯非斯基不要把精力浪費在這類舉動上，但運動心理學家應該知道柯非斯基很清楚自己在做什麼。

柯非斯基從群眾中獲得鼓舞，並從他們的支持中獲益，這凸顯出兩個會影響運動員耐力表現的重要變因。

其中一項耐力表現的限制因子，是**我們認為這項活動的困難程度**。我們通常會持續前進，直到覺得有項任務難到我們失去努力的意願

有兩種策略可以改變這個狀態，進而改變我們的表現。其中一個是**提高我們的動機程度**，更精確地說，是**提高我們的動機品質**，這樣可以增加我們願意努力的意願。較弱的動機，包括因為我們想得到獎賞才去做，或是因為如果不去做會感到內疚。高品質的動機則是我們覺得有趣、很享受，或者對個人來說有重要意義且與自己的價值觀相符。[2] 後者的動機能夠解釋為什麼許多人願意花時間參加馬拉松，以及對覺得有意義的慈善機構出錢出力。[3]

提醒自己為什麼要做某件事也很重要。對柯非斯基來說，成為自一九八三年之後第一位贏得波士頓馬拉松冠軍的美國人，特別是在爆炸案發生後的隔年，是他職業生涯中最有

意義的目標。在比賽途中看到BOSTON STRONG的標語，更提供了強而有力的提醒。

能增加我們努力意願的第二個策略，就是**使用心理技巧讓任務感覺更簡單**。我們在第三章與第四章中探討過許多技巧，包括讓自己從正在做的事情中分散注意力，以及不要過度專注在肌肉痠痛或呼吸等身體感受。使用激勵性與基於挑戰的自我對話，也能讓需堅持下去的任務變得更容易，進而提高表現。所以，不難想像，歡呼的波士頓群眾不僅帶給柯非斯基更強的動力，也讓他更加努力跑過具挑戰性的牛頓山。

運動員的成長型思維

研究顯示，雖然運動員跟久坐不動者的疼痛閾值差不多，但運動員對於疼痛有較高的耐受度。也就是說，如果運動員與久坐不動者一起進行一項實驗，將手浸在冰水中，兩組人會在差不多的時間覺得手開始痛，這就是疼痛閾值。但他們的手開始覺得痛之後，運動員能夠把手放在冰水中的時間更久，這就是疼痛耐受度。

至少有一項研究顯示，運動員的疼痛耐承受度並不是與生俱來的，而這也不是他們成為運動員的原因。研究人員找來一組久坐少動的受試者，讓其中一半的人參加每週三次、每次三十分鐘的自行車課程。在研究結束時，這些參加運動的受試者的疼痛耐受度比原先提高了，沒參加運動者的疼痛耐受度則沒提高。因此**經常運動能增強我們忍受不適的能力，而且這種能力甚至可適用在運動時沒有遇到的情況**。

這些在疼痛閾值與疼痛耐受度的研究發現，在心理學上有相似之處。這裡提到的疼痛並不是身體上的疼痛，而是心理上的痛苦。運動員通常是堅持撐過不適，才得以達成目標。他們用來度過這些困難時刻的心理工具，也能運用在其他環境，包括在職場中，與久坐不動的同事相比，或許他們會表現得更好。

這確實是霍曼與斯塔布斯在離開職業運動員身分之後，很快就發現到的一件事。他們在青少年時期與成年前期都在跟頂尖運動員相處，而在踏入「真正的社會」後不久，兩人都接下主管職。他們都發現，向運動員時期的自己學習，能幫助自己與他們管理的人度過工作上的挑戰。

「現在商業界用**成長型思維**（growth mindset）一詞來稱呼。」霍曼說。「運動員有這種心態已很多年了，但當時沒有這個詞。要使成功最大化，就要專注在可能發生的事，而不是去看那些錯的或你辦不到的事。你必須要有創意、有策略地讓自己增加信心，相信自己能達成目標或解決任何問題。」

「身為一位領導者，我覺得這對我很有幫助，因為如果發生了什麼事，我不會覺得好像天要塌下來，我不會去想指責某人，我也不想去確保大家會不會覺得那是我的錯。我會立刻去思考『我們有什麼著力點，讓我們有希望解決問題？我們要如何解決這個問題？』」

「我覺得這跟運動員的心態絕對有關。你想看看，如果你只是說『我要成為奧運國家代表隊』，這就只是一個大膽且奇怪的發言。你必須要有樂觀和正向的心態，讓你相信自己真的能做得到。我覺得在工作上也是，我們會遇到挑戰，但不管是什麼挑戰，我們都能找出辦法來解決。」

斯塔布斯說：「你可以從運動中學到，事情並不總是一帆風順，會起起伏伏的，你會受傷，也會有讓人振奮的時刻。你必須全心接受這兩個部分，才能獲得最佳狀態。在真實社會中，必須允許同事會有高峰與低谷，而不是讓他們總是處在不上不下的地方。」

已經從田徑界退休二十年的霍曼，仍然保持跑步與騎自行車的習慣，他說：「我覺得我比一般同事更有韌性。身為一名運動員，你必須有韌性，你不可能贏得每一場比賽，你不可能總是成功，你一定會有低潮的時候。你必須能將低潮拋在腦後，專注於接下來要做的事情上。」

面對挑戰的最後提醒

我們希望你從本書中學到的重要一點是，**你能不斷精進像運動員一樣思考的技能。常常這樣做，你就會有更多心理資源可運用**，就像定期去健身房體能會變得更好一樣。正如多年來一直使用正向自我對話的蘭道兒所說：「我發現，透過練習讓我能做得更好，這是一項對我生活各方面都很有幫助的技能。」

如同我們所提到的，蘭道兒在滑雪界的成功部分歸功於這些技巧，她也成功運用這些技巧來應對乳癌治療，而後者比運動賽事還重要得多。不管事情有多艱難，我們都可以學習蘭道兒在對抗癌症時所採取的方法。

「事情並不總是如你所願，」她說。「你不知道會發生什麼事，所以就盡力去做到最好。為什麼不去想事情可能會很順利呢？這樣比較能挺過艱難的日子，而不是一直想『老天爺啊，我的癌症要復發了，我可能撐不過去。』」

「**你唯一可以選擇的就是你的心態**。我覺得這真的十分強大。」

Chapter

11 貫徹到底

當想放棄的念頭極為強烈時，要如何繼續前進

凱里路超級馬拉松（The Kerry Way Ultra）是愛爾蘭耗時最長、難度最高的跑步賽事。參賽者必須在週五早上六點出發，穿越與愛爾蘭風景秀麗的凱里環道（Ring of Kerry）平行的巷道、小徑、森林和泥濘的山路，連續跑一百二十英里，爬升近一萬八千五百英尺。

而要獲得參賽資格，必須在過去十二個月內完成至少兩次馬拉松，或一次五十英里的比賽。諾爾曾完成二〇一二年撒哈拉沙漠馬拉松，還參加了二〇一三年愛爾蘭二十四小時錦標賽，因此他報名了二〇一四年的凱里路超級馬拉松，認為他先前的經驗與專業知識，能幫助他克服比賽的任何挑戰。不過……。

多年後，諾爾仍然認為那場賽事是他人生中遇過最困難的事。在比賽中，他罕見地好

幾次衝動想放棄，而他也不是唯一想放棄的人。在凱里路超級馬拉松的前八屆當中，有四七％參賽者在賽後的狀態為DNF（也就是未完賽，did not finish）。

諾爾在比賽當中多次出現棄賽的念頭。第一次是在他跑了六小時後，出現噁心和胃痙攣，因為對麩質過敏的諾爾在比賽前幾天，無意中吃下一些含麩質的食物。症狀不嚴重，但足以影響他在比賽時的營養。隨著氣溫升高，諾爾內心有個聲音小聲地說：「繼續跑下去會不會出事？」

但諾爾以前也聽過這個聲音。他提醒自己能夠做到（自我對話，第四章），而且過去也經歷過漫長而艱辛的比賽（過往成功經驗，第五章）。經過一些風景優美的路線時，他把注意力放在這些景色上（分散注意力，第三章），幫助自己保持冷靜，使注意力遠離自己越來越累的身體。

他跑到一半的時候，腦海中閃過第二次棄賽的念頭，那是在通往岸邊小鎮沃特維爾漫長而曲折的山路上。諾爾在跑了六十英里，也就是跑了（或走了）十四小時之後，感到身心俱疲。天即將黑了，而前面還有六十英里要跑，令人生畏。隨著黑夜降臨，內心的聲音也變得大聲。「我現在應該要去睡了，我不希望下週工作時人很累，最好現在就停下來，我能跑到這邊已經很棒了！」

如果諾爾夠誠實的話，他的內在聲音已經出現好一陣子了。幸虧諾爾跟父母約在沃特維爾鎮見面，他們為他帶了可樂、水果優格與替換的鞋子。他們在廣場的長椅上坐了一下，廣場上有一個雕像，是諾爾兒時運動偶像之一、曾任足球球員與教練的米克・奧朵爾（Mick O'Dwyer），他們在雕像的陰影處坐了一下。令人愉快的休息、營養補充和聊天，讓他暫時擺脫了棄賽的念頭。

這個休息也讓諾爾有機會表達而非壓抑自己的感受（如何調節情緒，第二章），有助於加強他的決心，並提醒自己「你做得到」（自我對話，第四章）。他決定要繼續往前，決心至少要跑到下一個檢查點（分成小塊，第一章）。

在整個晚上，棄賽的想法偶爾會冒出來。凌晨兩點，比賽已進行了二十小時，一個令人難忘的時刻出現了。他因為比賽前準備不周，因此頭燈電池沒電了，剛好在他跑到能俯瞰斯尼姆村的路線，距離他弟弟住處不遠的地方。他既疲憊又痛苦，只能用手機微弱的燈光來照明。他聽到自己內心的聲音在大喊：「現在大半夜的，我覺得自己好慘，簡直是瘋了，你到底在黑漆漆的山上做什麼呢？還是打電話給弟弟要他開車來載你好了？」

但在大半夜，凱里的山上發生了奇妙的事。諾爾突然撞見了一九九一年世界山地跑步冠軍約翰・列寧漢（John Lenihan），他從黑暗中出現，手中拿著筆和板子，當參賽者經過時在他們名字旁邊打個勾，確保他們安全下山。那種「我好慘」的念頭就被「哇，是約翰・列寧漢！他整夜要在這山上確保每個人安全回家，或許你應該繼續跑！」取代了。

諾爾在弟弟給他備用電池之後，精神便提振了許多。他弟弟的鼓勵，以及妻子打來的加油電話，為他掃去了陰霾，讓他有了繼續跑的動力。正如我們在第二章學到的，回想生活中的正面經驗，像是家人替我們所做的事，並表達對他們的感激之情，能讓我們感覺更好（專注於感恩，第二章）。這確實在諾爾不確定自己是否能繼續往前的時候，推了他一把。

儘管有這些正向時刻，最後十三個小時還是非常難熬。黎明的時候，諾爾幾乎快睡著了，他在林間小徑中短暫休息了一下。他不斷提醒自己「我做得到」（自我對話，第四章）、「這一定會過去」（重新評估，第二章），並承認自己確實想停下來，但他接受這些想法在跑步的某個時刻難免會冒出來（專注於當下，第三章）。諾爾就這樣度過了每一個懷疑的時刻。

諾爾最後以三十三小時四十七分鐘完賽，他使用了本書中的技巧，終於抵達了終點。

⊙打敗棄賽念頭

想放棄的念頭通常出現在艱難任務的後半段，因此擺脫精神上和身體上的壓力似乎至關重要。接下來，我們會介紹一些對抗這些念頭的方法。

或許最重要的是要記住：**幾乎每個人都有過想放棄的念頭。出現這樣的想法，並不代表你是軟弱的人或失敗者**。柯非斯基在身為職業選手參加的二十六場馬拉松裡，都曾經想要放棄，包括他得冠軍的那三場！

柯非斯基只這樣做了一次，在二〇〇七年倫敦馬拉松比賽中，到第十四英里的時候，他右腳的阿基里斯腱突然劇痛，速度也明顯慢了下來。他了解到，帶傷再跑十二英里，可能會對他的腿造成永久傷害，也勢必得到很差的成績，於是他在十六英里的地方離開了賽道。

在其餘二十五場馬拉松當中，柯非斯基都戰勝了棄賽念頭。他根據先前的經驗，用兩種方法來克服。首先，他知道這種念頭會出現，因此當念頭出現時，他並不會覺得意外，且知道要怎麼應對。第二，每次他堅持下來，就會增加自信，並學到一些技巧，讓他在下一次馬拉松比賽時知道如何處理這些念頭。

柯非斯基與其他成功運動員用來堅持下去的工具，跟前一章所推薦的工具很類似。那些工具是在當事情變得比預期更難的時候，幫助你不要減少努力。當然，減少努力的最終行為就是放棄。當你想運用這些工具讓自己不要放棄時，這些工具的使用方式會略有不同。

正如諾爾在二〇一四年凱里路超級馬拉松的經驗告訴我們，解決方案通常取決於你所處的情況。因此，與其硬性規定自己該用什麼方法，不如透過練習本書所提到的心理技巧來建構你的心理工具箱，這意味有一系列的工具可供你使用。當你在達成目標的過程中遇到困難時，隨時隨地可以靈活運用這些工具讓自己脫離難關。

再次強調，**重點並不是避免出現放棄或退出的念頭**。正如柯非斯基的馬拉松生涯所示，即使是經驗老道的運動員也會遇到心理危機與自我懷疑。與其希望自己能去除掉這些內在聲音，**最好的方法是熟練一系列有效的技巧，在這些聲音出現時做出回應**。

放棄就贏了

一個重要的大局觀點：**有時候放棄才是正確的選擇**。如果你在鐵人三項騎自行車時摔車鎖骨骨折，那你繼續帶傷騎完、接著跑步，可能並不符合你的長期利益。在運動賽事中，如果身體受傷卻堅持完賽，並不能算是英雄或磨練心志，而是一個錯誤。

如果認為繼續下去沒有意義，有些運動員也會決定棄賽。像是在環法自行車賽，暫時領先的車手如果發現自己繼續騎只是浪費力氣，且不會影響到賽段排名時，他們就會放慢速度，為隔天的比賽保留體力。

決定是否要停止追逐目標，這涉及了許多心理過程。其中一項，就是追求目標的挑戰對個人來說意義有多重大或有多令人愉悅。英國伯明罕大學的尼可・杜馬尼斯（Nikos Ntoumanis）所做的兩段研究強調了這一點。[1]

在研究的第一階段，研究人員請六十六名運動員騎八分鐘的自行車，希望他們達成一個特定的距離目標，並要求受試者為他們達成目標的動機品質評分。動機範圍從較弱的、受控制的動機形式，像是追求距離目標是「因為我覺得我應該這樣做」，到更高品質、自主的動機形式，像是努力達到距離是「因為追求目標帶來的樂趣或挑戰」。

在實驗期間，受試者使出最大的努力，但得到假的回饋，讓他們以為目標實現不了。研究人員想知道受試者是否會完全放棄他們的目標，或者會在心理上重新設定替代目標，並繼續努力。

有趣的是，研究人員發現，擁有越多自主動機形式的人，也就是那些因為享受挑戰且認為這對個人有意義而追求目標的人，越無法放棄最初目標，因為他們投入較多的心理資源和體力。但對於擁有較低品質、受控制動機形式的人來說，就不存在這種關係。此外，較低品質的動機也與追求替代目標的決定無關，那些具有較高品質動機的人更有可能在心理上重新設定替代目標，而不是完全放棄。這跟第十章的轉換標準策略很像，柯非斯基在重複英里訓練感覺比原先更困難的時候，使用此策略來完成訓練。

為了進一步探討這個重新參與的過程，在研究的第二階段，研究人員讓另一組八十六名受試者了解，當他們意識到八分鐘的自行車目標可能無法達成時，有機會選擇一項替代目標。受試者有三個選擇：堅持徒勞無功地騎自行車；一旦他們意識到目標無法實現，就放棄騎車，並在剩下的時間裡改用划船機實現不同的目標；或者徹底放棄這次測試。

如同研究的第一階段，動機來自追逐快感的受試者，無論在行為上與心理上，都更無法放棄自行車的任務。換句話說，他們更有可能堅持徒勞無功地騎下去，也更有可能反覆思考自己失敗的原因。但這些人也更有可能改去使用划船機，而非完全放棄。

研究表明，我們很難放棄一個自己認為有趣、愉快或對個人有意義的目標。而我們已經對於這個目標投入了多少，也很重要。當研究人員深入了解時，他們發現受試者了解到目標無法達成的時機，與他們是否決定要放棄有關。如果受試者越早發現這一點，就越容易放棄騎車的目標，而改追求划船機的替代目標。這凸顯了我們在追求任何困難目標時會遇到的關鍵挑戰。我們很難知道在追求困難目標的時候，是否能透過我們更努力和更堅持來達成目標，或者應該將其視為失敗的警告。如果是後者，那麼知道什麼時候該放棄，就是關鍵。

在一九九六年的蘇黎世田徑世界頂級賽中，有個有效放棄目標的極端例子。在還剩一圈的時候，肯亞的丹尼爾・柯曼（Daniel Komen）與衣索比亞的海勒・蓋博塞拉西（Haile Gebrselassie）正在加速，試圖打破蓋博塞拉西的五千公尺世界紀錄。蓋博塞拉西在兩週前，剛贏得奧運一萬公尺金牌。柯曼沒有參加奧運，而且比較年輕。柯曼最後衝刺時讓蓋博塞拉西跟不上，於是蓋博塞拉西在距離終點不到一百五十公尺的地方開始慢跑。

這位史上最偉大的長跑選手之一，看似讓人費解的怯弱，實際上是一個很聰明的舉動。蓋博塞拉西非常了解自己的身體，知道他無法跑贏柯曼，他也知道持續跟柯曼比下去，會讓對手衝出更快的速度。當柯曼自己一個人跑的時候，就缺乏了額外的刺激，以〇・七秒之差未能打破蓋博塞拉西的世界紀錄。從這個意義上來說，蓋博塞拉西透過放棄而「贏了」，因為他仍然是世界紀錄的保持人。

在某些需長期投入的事情中，有時不堅持到底才是正確的選擇。本書的兩位作者中，只有諾爾擁有博士學位。史考特拿到碩士學位後，成了美國教育史上時日最短的博士候選人。他發現他其實並沒有足夠的動機，讓他投資好幾年的時間與數萬元美金的學費來念博士，就在第一學期念到一半的時候放棄了。

這麼做使他避免落入經濟學家所稱的**沉沒成本謬誤**（sunk-cost fallacy），也就是我們只是因為時間和金錢都已經花了，就傾向於繼續做一件事。如果你在電影院看完一部你覺得難看的電影，因為覺得看一半就離開「浪費」了買電影票的錢，那你就陷入了沉沒成本謬誤。無論你是繼續看或離開電影院，你都已經付了票錢，因此當你決定是否要繼續在這部電影上花時間時，就不應該把票錢考慮進來。

以史考特的例子來說，停止繼續付學費、退出博士課程，開啟他通往其他專業領域的大門。在有些情況下，先放棄努力，晚點再回來繼續做，也可能是正確的選擇。奧運金牌蘭道兒因為乳癌接受六輪的化療，在進行到第三輪時，她仍堅持自己在罹癌前的目標，也就是參加當年秋天的紐約市馬拉松。「我知道我沒辦法跑出個人最佳成績，但我在化療的同時還能參加馬拉松，聽起來很酷。」她說。

到了第四輪化療時，身體累積起來的痛苦太高。「我覺得我可能有辦法撐過比賽，但這不是最聰明的選擇。」蘭道兒說。她去了紐約，替跑馬拉松的隊友加油。在比賽的早上，蘭道兒艱難地跑了四十五分鐘，證明了那年放棄參賽是明智的決定。她在隔年療程結束後重新參賽，跑出二小時五十五分的成績，不亞於她罹癌前的速度。如果你在通往重要目標的過程中遇到重大傷病，或受到持續干擾的狀況，也可以參考蘭道兒先暫緩的做法。

何時該前進，何時該放棄

知道在什麼時候應該保持專注，不要太快放棄，或者什麼時候該放棄徒勞無功的目標，不是件容易的事。顯然我們無法提供你在做決定時能一以貫之的做法，但我們可以提供你有用的工具。這稱為**決策平衡**（decisional balance）[2]，心理學家常用它來幫助人們透過考慮自己支持或反對某項行動來解決矛盾心理。[3]透過此過程，決策平衡能幫助我們做出關鍵的人生決策，包括我們是否該繼續堅持某一項目標、放棄嘗試，或投入到替代目標上。

在權衡情況利弊時，許多人會在腦海中完成決策平衡。我們可以用這個方法來做短期、當下的決定，像是蓋博塞拉西在蘇黎世田徑賽最後決定放棄。我們也可以用這個方法來做長期、可能會影響人生的決策，像是蘭道兒決定把乳癌化療視為第一順位，而非紐約市馬拉松。雖然在腦海中完成決策平衡很有幫助，但**花點時間把所有考量都寫下來，能幫你做出更全面、更深思熟慮的決策**。

要完成決策平衡，請將一張紙分成四個象限，如下頁圖所示。在第一象限寫下你能想到的所有放棄的好處，在第二象限寫下所有放棄的成本。放棄的好處，可能是你有更多時間花在人生的其他目標或方面，像是家庭。放棄的成本，可能包括放棄長久以來的夢想而感到的沮喪或失望。不管這些利與弊是大或小，全都寫下來。重要的是，你在決策過程中會把每一項都考慮進來。

在第三象限寫下所有堅持下去的好處，在第四象限寫下所有堅持下去的成本。這些好處可能是在你實現目標後會得到滿足感與獲得一些獎勵。堅持下去的成本可能是會降低你整體的健康和幸福感，以及繼續為某一個目標努力，可能影響你追求其他的重大人生目標。當你權衡每個行動方案的所有好處和成本之後，就能做出最終決定。

完成決策平衡可能會得到幾個不同的結果。一個客觀的成本效益分析，能讓你在付出的成本超過得到的收益時，避免進行徒勞無功的努力。[4]但它也可以重申你對一個可實現目標的承諾，幫助你克服困難和挑戰時刻。[5]這樣做可以避免過早放棄，而且若目標是可實現的時候，能增加你達成目標的可能性。

利用韌性

我們在本書多次提到運動員的韌性，正如我們在第六章所了解的，韌性是在遇到重大挑戰時仍繼續前進，並維持自己的表現、功能和幸福的能力。這並不是我們「擁有」的特質，而是使用我們所掌握的心理工具所培養出來的。面對重大挑戰仍持續

|決策平衡|

放棄的好處	放棄的成本
堅持下去的好處	堅持下去的成本

前進的能力，是在運動與日常生活中取得成功的基礎。跟在嘗試階段就放棄的人相比，這也是我們力量與自信的來源（他人的經驗，第五章）。

在近期的集體記憶中，沒有比對抗Covid-19的大流行更令人痛苦的了。許多運動員表示，他們在運動中學到的心理技巧，有助他們度過漫長的生活型態改變。像是切成小塊（第一章）、專注於可控制的事並接受無法控制的事（第三章）、調整目標且戰且走（第十章）、持續正向自我對話（第四章），以及本書提到的像運動員一樣思考的其他心理技巧，這些讓他們能持續正常生活，而不是陷入絕望之中。

我們在第九章提過貝格運用她數十年來的跑步經驗，幫助她自己、家庭和族人度過疫情。貝格通過兩屆奧運選拔會，最佳成績為二小時三十七分，她住在納瓦荷族保留地。這是在亞利桑那州東北部、猶他州東南部、新墨西哥州西北部的美國原住民地保留區。這個區域是美國受疫情衝擊最嚴重的地區之一，確診人數很多，也有多人死亡。

貝格是保留區洗腎中心的營養師，她在疫情前幾個月獲得護理學位（她母親是另一家納瓦荷族醫療機構的護理主任）。她結合了自己的醫學背景與跑步經驗，在她覺得族人快放棄的時候，將他們團結起來。貝格因為跑步而在族人當中擁有高名氣，社群媒體也有許多人追蹤，她說：「我有一個平台，我決心用它來傳播正向的訊息。」

他們面臨許多挑戰。納瓦荷族保留地十七萬居民當中，有三分之一的人因為缺乏自來水，無法常常洗手。而沒有自來水的人，經常在親友家中洗澡、洗碗及洗衣服，因此讓社區感染的風險增加。社區裡也有許多人患有糖尿病與肥胖，貝格認為這是因為經常食用罐頭食品與速食的緣故。若一個人原本健康狀況就不佳，染上Covid-19只會使病情更加嚴重。

納瓦荷族的文化習俗也對疫情不利。「見面時握手，是我們習俗中正式的打招呼方式。」大家族經常住得很近，有時是經濟上的考量，但也是因為家族的情感維繫十分重要。「我們每天都去拜訪阿姨、祖母，」貝格說。「而突然間大家就被要求待在家，不要握手。」

她在分享基本衛教訊息的時候，也因為當地人過於自信而受到阻礙。「很多居民，特別是年長者，都認為『我們已經度過了這麼多難關，祖先也度過了這麼多難關，所以這次我們也能度過這一關。』」貝格說。「正因為他們有這種態度，因此有些人並不積極防疫。」

如同運動員會把負面想法重新定義為自我激勵，貝格提醒族人，他們的祖先因為守著優良的文化傳統，才度過許多難關，包括跑步。

「我一直回想起從小聽到大的故事，」她說。「大人告訴我們每天早起往東邊跑的好處，以及照顧好自己的身心很重要。我們被教導要學習變堅強，當在遇到困難的時候，才能為應對困難做好準備。」

貝格帶給我們的最重要訊息是：**不要放棄**。不要放棄是阻擋病毒傳播的有效方法。族人們已經歷過那麼多事情，不要被這一件事給擊倒了。在疫情早期，她父親中風，被送到幾個小時路程的醫院住院治療，而不要放棄，就顯得更重要。

「疫情與父親的事帶來雙重打擊時，我作為運動員所學到的事，幫助我與我的家人度過這一切。」貝格說。「運動員經常受到打擊，但不管遇到再困難的事，還是要站起來繼續前進。我告訴他們，現在真的很不順，但我們可以的，還是有許多值得感激的事情。例如我父親今天有一些進展了，讓我們帶著這小小的進步，向明天邁進。」

Chapter

12 奮力完成

如何在最後階段持續前進

二〇一五年，莫莉・赫朵（Molly Huddle）在一萬公尺田徑世界錦標賽的最後一圈，心裡只有一個目標：讓自己保持最佳狀態，贏得她第一面國際賽事獎牌。赫朵知道，她的原始速度（raw speed）不如八名領先對手。在前面幾圈她保持些微領先，便一直保持強勁的步伐，試圖讓對手到開始衝刺前都沒時間喘氣。現在只剩下一圈了，赫朵在第一個轉彎使出更多力氣。她的對手如果要跟得上赫朵的速度，在最後幾公尺處就必須用力衝刺。

她的策略似乎奏效了。衣索比亞選手吉雷特・伯卡（Gelete Burka）與肯亞選手薇薇安・切魯伊約特（Vivian Cheruiyot）在剩半圈時超越了赫朵，而赫朵排在第三名，也就是銅牌。赫朵試著在伯卡與切魯伊約特加速時跟進，她知道自己大概追不上她們，但她還是盡可能跑快一點，讓後面的選手洩氣。

在最後的直線跑道上，伯卡與切魯伊約特拉開了與赫朵的距離，切魯伊約特奪冠。赫朵則繼續跑，她跑在第一與第二跑道之間。在她踏到終點線的最後一步，她雙手高舉，慶祝獲得銅牌。

但她錯失了那面銅牌。同為美國隊的艾蜜莉・茵非（Emily Infeld）在最後半圈跑到赫朵旁邊。她跑在第一跑道的內側，緊貼著赫朵。茵非在最後二十公尺的地方出乎意料地超越赫朵。當赫朵舉起手臂的時候，茵非奮力將肩膀往前推，搶先抵達終點線。茵非最後以九百分之一秒之差打敗赫朵，贏得銅牌。

從奧運選手、美國紀錄保持者赫朵的故事中可知，即使是最優秀的人都有可能失敗。而她高興得過早，是這個普遍現象的極端版本。我們在遇到挑戰的情況時，常常在最後一刻過早放鬆。雖然後果可能不像赫朵這麼戲劇化（而且全球直播），但**當我們最終付出的努力不足時，是無法成功的**。

我們無法取得最後成功的原因有幾個。就像赫朵在二〇一五年田徑世錦賽中，我們可能會暫時閃神了幾秒。在很多時候，我們覺得把自己推向極限太累了。在賽跑或困難的訓練這種激烈運動的例子中，並非軟弱的人才會出現想放棄的念頭。正如我們在本書看到的大多數成功障礙一樣，解決方法就是手邊要有正確的應對策略。

直到最後才能結束

我們要最後一次提到柯非斯基在二〇一四年波士頓馬拉松的勝利。如果你看那場比賽的最後六百公尺，也就是柯非斯基沿著博伊爾斯頓街跑到終點線時，你可能認為他跑得很輕鬆，有兩名跑者離他並不遠，但柯非斯基好像沒有很緊張。他不斷揮動雙拳向人群致意，他在前一年馬拉松比賽中兩處引爆炸彈的地方畫了十字，甚至在最後幾秒還將太陽眼鏡移到頭上，讓他的完賽照片更好看。

這些慶祝舉動，掩蓋了柯非斯基在比賽中最後幾英里的恐懼。在第二十三英里時，從第八英里開始就一路領先的柯非斯基回頭張望。一個多小時以來，他第一次看到一名追上他的人。柯非斯基算了一下，就知道那名選手在過去幾英里的速度必定比他快上許多。柯非斯基知道，在這樣的情況下，他最好是先發制人，以免被追上。追在後面的跑者是來自肯亞的威爾森・切貝特（Wilson Chebet），他每跑一步，就能看到柯非斯基越來越近。在整場比賽大部分時間領先的人，很少在比賽的最後階段，速度還能跟後面的跑者一樣快。

在第二十四英里時，柯非斯基考慮讓切貝特追上來。他告訴自己，這樣他可以有時間恢復一點體力，然後在最後博伊爾斯頓街時再超越切貝特。柯非斯基承認了這個想法，但很快就將其視為在極度疲勞下的負面想法。他告訴自己要用相反的策略：試著拉開與切貝特的差距，讓對手望塵莫及。

正如他在他的書《二十六場馬拉松》（*26 Marathons*，暫譯）中所述，儘管他的身體和精神都處於極限，他還是這樣告訴自己。他的左腳掌有個地方每次踏到地面時都會痛，在參加波士頓馬拉松前幾週，他拉傷了腳筋。在他用盡全力甩開切貝特時，他的肚子也開始不舒服，他覺得要吐了。柯非斯基不希望切貝特看到他在吐，這樣切貝特就會知道他身體不舒服，於是他把頭往後仰，把嘔吐物吞回去。

切貝特還是緊追在後，在剩下最後一英里時，柯非斯基的領先優勢只剩六秒。在他最需要高效跑步的時刻，他感覺自己的跑步狀態在惡化。於是他對自己喊話：「專注、專注、專注。技術、技術、技術」。

他再回頭看了一次，雖然他們的差距並沒有拉開，但切貝特並沒有追上來。他專注在跑步上，讓他暫時忘卻疲勞，同時也幫助他提升了速度。他知道如果切貝特追得上他的話，他現在已經被追上了。到了比賽的這個階段，他已經不需要擔心被追上了。

意識到這一點，讓柯非斯基信心大增。他運用這股力量跑進博伊爾斯頓街，群眾的歡呼，以及想到前一年的爆炸案，讓他更有力量。他在訓練時反覆想像的場景——在波士頓馬拉松奪冠並跑出個人最佳紀錄——即將成真。

如何持續加壓

在前一章，我們強調了未能成功達成目標的關鍵原因，也就是在還有機會成功時太快放棄，以及徒勞無功地追逐不可能實現的目標。

但赫朵於二〇一五年世界田徑錦標賽的故事，則凸顯出最後一個重要因素：有時候我們無法達成目標，是因為我們太早撤回了努力。這跟太快放棄不一樣，相反的，就像赫朵在一萬公尺跑步的最後一步，有時當我們信心滿滿，認為自己一定能達成目標時，就會降低努力，鬆開油門。但有時候，這代表我們即將功虧一簣！

會這樣的原因有很多。首先，相信我們即將實現對自己有意義的重要目標，會帶來正向的情緒。不難想像赫朵在接近終點線時是多麼興高采烈，完全相信自己即將拿下世界錦標賽的獎牌。但正如我們在第二章所學到的，**就像不愉快的情緒有時可能會有幫助，愉快的情緒有時也沒有什麼助益。**

而為目標努力時，**將我們的感受與行為視為一個輸入與輸出的循環，會很有幫助**[1]。如果我們知道自己在某一項重要的目標上落後了（輸入），我們可能會覺得擔憂。我們可能會更加努力來達成目標（輸出）。如果目標是有可能達成的，那我們的擔憂就是使我們改變關注焦點並更加努力的觸發物。柯非斯基在二〇一四年波士頓馬拉松最後幾英里的思考彰顯出，擔心自己會被追上，這有助於提高他的專注力與拿下冠軍的決心。

但反過來也是如此。如果我們知道自己在實現有意義的目標方面取得良好的進展（輸入），我們往往會感覺良好。我們可能會覺得滿足或興高采烈，這取決於目標的大小。但這些愉快的感受，可能會讓我們轉移注意力或減少努力（輸入）。特別是當我們離目標非常近的時候，像是接近終點線時，我們可能會像赫朵那樣太早放鬆。事實上，我們的良好感受帶有這樣的訊息：「我做到了！我不用再努力了！」有時候這會讓我們功虧一簣。

第二個讓我們在進展順利、快達成目標時減少努力的原因，是過度付出（overextension）。我們的生活中有著多個目標，都需要我們付出專注力與努力。當諾爾在替這本書收尾時，他在生活中其他領域就花比較少精力，像是家庭與健身。我們不可能同時對每一個領域都付出百分之百的專注力，若是這樣，恐怕很快就因過度付出而一事無成。

對我們的進度感覺良好或感覺不好，讓我們能在不同的時間點優先考慮不同的目標。這些感覺帶給我們重要的訊息，像是我們做得很好，或是我們進度落後。當我們在一個領域做得很好時，我們就可以在這邊花少一點心力，把時間與精力放在其他需要專注的領域。這樣一來，我們就能同時實現多個目標，但不至於把自己榨乾。當然，有時我們可能會身陷過度承諾的陷阱。此時可以使用第十一章介紹的決策平衡，來決定哪些領域最需要我們的注意力。

荷蘭蒂爾堡大學的研究團隊做了一項研究，探討我們的進步與伴隨而來的感受，會如何影響我們對不同目標的關注與努力。[2]研究人員請八十二名大學生設定三週的減重目標。這是主要的目標，受試者也設定了同一段時間他們想達成的次要目標，像是存錢、花更多時間讀書、花時間幫助他人。研究者在一月進行這項研究，以利探究我們大多數人雖會設定新年新希望，卻很難堅持下去的情況。

在這三週，學生每天回答有關他們的減重目標，以及跟這個目標相關行為的問題，像是食物攝取、身體活動量。他們也評估自己在減重目標與次要目標的努力程度，對於自己的努力覺得積極或消極，以及認為自己在實現目標上取得了多少進展。

研究結果顯示，當受試者認為他們距離實現減重目標還很遠，但取得了良好進展時，正向情緒會增加他們為實現減肥目標而付出的努力，並減少為追求次要目標而付出的努力。換句話說，在追求目標過程的早期，他們如果感覺自己成效良好，會優先追求主要目標。

但如果他們覺得自己快達成目標時，正向情緒會讓他們減少減重的努力，而增加在次要目標上的努力。在這樣的情況下，他們會優先花更多時間讀書或幫助別人，而不是去做能達成減重目標的體能運動。

儘管在不同時間能優先考慮不同目標是有好處的，但意識到有可能會像赫朵那樣功虧一簣，可幫助我們避免發生同樣情況，錯失人生重要目標。幸運的是，我們有許多心理工具能使用。

在第一章，我們提過結果目標、表現目標與過程目標的不同。贏得錦標賽獎牌、成功減重，都是結果目標的例子，是我們採取行動所達成的結果。同樣在第一章，我們也強調過度重視這些目標的風險，因為如果一直去想結果，可能會讓我們忽略首先需要採取的步驟。

因此，**關注過程目標或實現結果所需要的行動，可幫助我們避開這個陷阱，讓我們能保持專注，一步步達成目標**。正如第三章（專注於可控制的事）所提到的，我們可以透過使用所掌握的心理技巧，專注在我們能控制或至少能影響的地方，包括我們付出多少努力、我們的專心程度與我們的心理狀態。我們以柯非斯基的「專注、專注、專注。技術、技術、技術」（自我對話，第四章）來闡釋這個概念。重複這句口號，幫助他保持專注，讓他在二〇一四年波士頓馬拉松最後一英里中，專心在跑得飛快所需的動作上（專注於當下，第三章）。設定短期子目標（切成小塊，第一章）也能幫你保持專注、繼續努力，避免在快要達成目標時功虧一簣。隨著終點越來越近，你可能會告訴自己「再一英里」或「再跑十步」就到了。面對長期的計畫，你可以提醒自己「只要撐過這週就可以了，你可以做到的！」。

最後一個你可以控制的策略是，**如果你在目標上取得良好進展，計畫你會如何應對可能會很有幫助**（如果你能保持鎮定，第一章）。這看似違反直覺，畢竟，如果你表現得不錯，為什麼還要準備應對計畫呢？但就如同前面提到的，對自己的進度感覺良好，可能會帶來意料外的負面結果。當你擔心自己會在最後一刻功虧一簣時，可使用若則計畫，依據你的情況選擇使用前幾章所介紹的心理技巧。

即使你對自己的進展感覺良好，計畫讓自己專注在過程並保持同樣程度的努力，也是成功達成目標的重要一步。辨認出讓你會功虧一簣觸發物，像是你的感受，或你對自己說的話，以有效的方式加以回應，就能將保持專注與持續努力成為一種正向的習慣，讓你達成目標（建立習慣，第一章）。

越過終點線，迎向下一個起跑線

當你實現目標或完成一項專案後，首先要做的就是慶祝一下。花點時間恭喜自己的成就、感謝那些幫助過你的人，以及可以投入在為了達成目標而被擱置的快樂的事，像是自我照顧、陪伴家人和朋友等，這些是你在努力實現目標的過程中可能被忽略的領域。

一旦達標的歡欣時刻過去，或許是兩三天之後，就應該再次發揮運動員的思考模式了。就像贏得冠軍的球隊在奪冠後會做的那樣，**利用你剛經歷過的經驗，為未來取得更多成功做好準備**。

這是一個重要的過程，可以讓你相信自己在未來能夠獲得什麼成就（過往的成就，第五章）。可透過檢視在前言中提到的優勢報告來做到這一點，你可以在本章之後的附錄一找到它。運用你在第一次填時寫下的關鍵心理特質，根據這些特質替你目前的能力評分。

希望你跟第一次相比，發現你每一項特質的分數都增加了。理想上來說，新的分數會更接近你初始設定的目標分數。記得這個重要的概念：**你新獲得的思考技巧是可以轉移的。你可以把這些運用在類似的目標，或其他不同的目標上。**這些特質都是你的一部分，無論你接下來想完成什麼事，這些工具都能助你一臂之力。

我們也希望你已了解到本書最重要的觀點。透過學習如何像運動員一樣思考，你現在知道我們討論過的那些心理特質是可塑的，而非固定不變的。你可以培養和發展諸如情緒調節、專注、韌性和自信等特質。雖然有些比較容易，有些比較困難，但透過學習與運用正確的心理工具，可幫助你提升每一項特質。這個持續的過程，將使你在重要的事情中取得成功，讓你過上滿意的生活。

附錄 1

我的優勢報告

優勢報告是運動心理學家在對運動員初期諮詢時會使用的工具之一。[1]這是一個很寶貴的自我探索練習，幫助運動員反思在自身運動項目上取得成功所需要的特質。[2]

諾爾將這項技術教給運動員以及他的學生。對於運動員，他要求他們不僅要反思心理特質，還要反思他們的體能、技巧、戰術以及生活習慣（像是睡眠與營養）。反思這些特質，能讓運動員提高自我意識，決定他們應該要加強哪些特質，並設立改善的目標。[3]

對於學生的話，諾爾會調整一下，讓他們用這個表格評估某項課業所需的特質。如果將考試視為上場表現，就像運動員要反思取得好表現需要的特質一樣，學生必須寫下他們在考試時取得好表現的特質。對任何人來說，這都是一個有趣的練習，你可以更加認識自己的優勢以及有待加強之處。

這項工具有許多種版本。以下我們會點出各版本中最核心的四個步驟。[4]

第一步：辨認重要的心理特質

諾爾在跟運動員一起寫下優勢報告時，會讓他們先反思在自身運動項目取得成功所需的重要特質。諾爾會請他們把這些特質寫下來，試著找出大概二十項。你也可以用這個方法作為起頭，列出對你來說很重要的心理特質。當運動員在列他們的特質時，通常會寫下四到五種心理上的特質，同時也寫下關於身體狀況、技巧與戰術，以及生活型態的特質。

如果你列不到二十項也沒關係。請將它們寫在頁面的左側，讓右側留出空間

這不是一個你要急著趕出來的東西，在這個步驟，諾爾通常會留二十到三十分鐘，讓運動員想越多特質越好。

為了讓運動員想到關鍵特質，諾爾鼓勵他們多思考自身運動領域中的頂尖好手，也請他們回想自己在比賽中表現最好的時刻。他會問一些問題：你在表現最好的時候展現出什麼特質？你當時在想什麼？你感覺如何？

在此時，不用太擔心你是用什麼樣的字詞來描述那些特質，只要你知道這些字的意

義，並知道它們與你有關，這才是重點。

我們在下面的表格列出了五項特質，幫你起個頭。這些是成功的奧運選手一些最重要的心理特質。[5]不過這些特質，像是能管理情緒、適時放鬆和感到自信，在日常生活中也非常重要。

特質	我目前的分數	我的目標分數	我要如何努力
動機			
放鬆的能力			
專注			
情緒管理			
自信			

第二步：你目前的分數

在確認出對你來說很重要的特質之後，下一步就是對這些特質進行評分，從一分（非常差）到十分（極致的表現）。這個是你目前的分數。

對每項特質評分能讓你更了解你的優勢（高分），以及你需要發展的領域（低分）。寫下這些分數很重要，把分數畫成長條圖也很有幫助。這樣能讓你看到自己的優勢，也更容易辨識出你還需要加強的地方。

以下，我們在每項特質中加入了目前的分數，在這個例子中，動機與專注就是優勢。

特質	我目前的分數	我的目標分數	我要如何努力
動機	9		
放鬆的能力	2		
專注	8		
情緒管理	6		
自信	4		

更加了解自己的優勢與弱點很重要。辨認出性格上的優勢，對你的心理健康會產生重要影響，能讓你感覺更好，並增加你對生活的滿意度。[6]此外，知道自己的優勢，意味你

更有可能在不同情境下使用這些優勢，進而朝著目標前進。

第三步：你的目標分數

跟辨認出優勢一樣重要的是，意識到自己哪裡需要再努力，並設定目標來改進這些部分。這是優勢報告的第三步驟。在這個步驟中，你需要用一到十分進行評分，寫下你希望在每個特質中獲得的分數，這就是你的目標分數。以下表格是範例。

特質	我目前的分數	我的目標分數	我要如何努力
動機	9	9	
放鬆的能力	2	4	
專注	8	8	
情緒管理	6	6	
自信	4	7	

當然，我們希望每項特質都能獲得滿分十分，但這並不實際。相反的，運動員會專注於改善某些較弱的特質，你可以從目標分數與目前分數的差異中，辨認出哪些是最需要改善的。在這個例子當中，放鬆差了兩分，自信則差了三分。

你可能還要思考一下這些特質對你整體的表現有多重要。舉例來說，雖然放鬆是這例子中得分最低的特質，但建立自信可能是對表現更重要的特質，所以應該優先改善這一點。

一旦你確定出想要改善的特質，最好設定一個改善的期間。假設建立自信是你想在接下來一個月要努力的事，在這樣短的時間內，你可以希望進步一點點，可能在十分當中進步個兩、三分。在短時間之內，這類型的改進是有可能實現的。

第四步：採取行動：你要如何進行？

最後一步就是思考你要如何實現這些目標。就上面的例子來說，我們可能想要建立自信，或者適時放鬆，我們也在下表中列了一些建議。

特質	我目前的分數	我的目標分數	我要如何努力
動機	9	9	
放鬆的能力	2	4	學習並練習一項可幫助我放鬆的練習
專注	8	8	
情緒管理	6	6	
自信	4	7	學習並使用一種工具來建立自信

這就是本書介紹的心理策略與技巧派上用場的時候。你在第一章能學到設定適當的目標，以及達成目標的心理策略與技巧；第二章提到如何管理情緒，例如在需要時能夠放鬆；你也能在第五章找到建立穩固和強大自信的技巧。

附錄 2

漸進式肌肉放鬆法練習

漸進式肌肉放鬆法是一個透過慢慢出力然後放鬆每塊肌肉，來減輕身體壓力與焦慮的練習。這個練習能讓你立刻感覺放鬆，最好經常練習，每次約二十分鐘。當你經常練習，在自己緊張時你會更加意識到，也能在需要的時候讓自己放鬆。

在這個練習當中，每一塊肌肉都應該要繃緊，但不至於用力過度。如果你有受傷或感到疼痛，可以跳過這些部位。請特別留意每一塊肌肉放鬆的感覺，以及由此產生的放鬆感受。

讓我們開始吧。

＊＊＊

用舒服的姿勢坐著或躺著。如果你想要的話，可以把眼睛閉上。深吸一口氣，注意到空氣充滿肺部的感覺。

屏住呼吸幾秒。

（停五秒）

慢慢地把氣吐出來，讓身體釋放緊繃的感覺。

再次深吸一口氣，屏住呼吸。

（停五秒）

再次慢慢吐氣。

再來一次，用更慢的速度深吸一口氣。讓肺部充滿空氣，屏住呼吸。

（停五秒）

慢慢吐氣，想像緊繃的感覺離開你的身體。

現在，把注意力轉移到手上。將雙手合十並握緊，握得越緊越好，然後放鬆，吐氣。

（停五秒）

再一次，將雙手握緊，感受到你雙手與上半身的緊繃，然後放鬆，吐氣。

（停五秒）

現在向上移動到上臂，將手肘彎曲，感覺到上臂的緊繃。

（停五秒）

放鬆，把雙手放開，回到原本的位置。

再次重複這個動作，將手肘彎曲，深吸一口氣，感受緊繃感。

（停五秒）

把雙手放開，同時吐氣。

（停五秒）

最後，將雙臂往前拉伸，感受到上臂後面的緊繃。深吸一口氣，屏住呼吸。

（停五秒）

放鬆，吐氣。

當你慢慢吸呼一分鐘左右時，注意到雙手與上臂的放鬆。慢慢地重複告訴自己：「我感到平靜，我感到放鬆，我感到緩慢和溫暖。」

（停六十秒）

接著移動到肩膀。當你吸氣的時候，朝耳朵的方向聳起肩膀，停住幾秒鐘。

（停五秒）

放鬆，吐氣。當你這樣做的時候，注意你肩膀的緊繃與放鬆之間的差別。再重複一次。

（停五秒）

再一次深呼吸幾次，注意雙手、手臂、肩膀和上背放鬆的感覺。

（停六十秒）

接著移動到臉部。從眼睛開始，把眼睛緊緊閉起來，感受到臉上和眼睛周圍的緊繃。

（停五秒）

放鬆，吐氣。再重複一次。

（停五秒）

再次放鬆，吐氣。現在移動到額頭。揚起眉毛，深吸一口氣，感受到前額的緊繃。

（停五秒）

放鬆，吐氣。放鬆的同時，注意到你的呼吸平靜而放鬆。

（停五秒）

現在緊閉嘴巴。咬緊牙關，吸氣時感受到下巴的緊繃。

（停五秒）

放鬆，把氣吐出來的同時，讓下顎放鬆。

現在移動到下背部。深吸一口氣，拱起背部，感受到背部的緊繃。

（停五秒）

放鬆，慢慢吐氣。再重複一次，感受到緊繃，然後慢慢吐氣，放鬆背部。

在接下來的一分鐘，做幾次緩慢的深呼吸。每次吐氣的時候，感受到你的背部、肩膀、臉部、手臂與手指放鬆的感覺。慢慢地重複告訴自己：「我感到平靜，我感到放鬆，我感到緩慢和溫暖。」注意到放鬆的感覺遍布全身。

（停六十秒）

現在只專注在呼吸上。深吸一口氣，讓肺充滿空氣，感受到腹部的緊繃。

（停五秒）

放鬆，吐氣。再重複一次。

（停五秒）

現在移動到下半身。盡可能伸直膝蓋，在吸氣時感受到大腿的緊繃。

（停五秒）

放鬆，吐氣。再重複一次，伸直兩邊的膝蓋，在吸氣時感受到大腿的緊繃。

（停五秒）

放鬆，吐氣。

現在移動到腿後側。如果你是坐姿，把腳跟往地面踩。如果你是躺著，將腳跟朝身體的反方向拉伸。在你感受到緊繃時吸氣。

（停五秒）

放鬆，吐氣。再重複一次，感受到腿部的緊繃。

（停五秒）

放鬆，吐氣。

（停五秒）

接著，將腳趾往小腿的地方拉伸，在吸氣時感受到小腿的緊繃。

（停五秒）

放鬆，吐氣。

接著，將腳趾朝身體的反方向拉伸。在你感受到緊繃時吸氣。

（停五秒）

放鬆，吐氣。

最後，將腳趾捲曲，感受到腳底的緊繃。同時吸氣，感受緊繃的感覺。

（停五秒）

放鬆，吐氣，再重複一次。

（停五秒）

放鬆，吐氣。

在最後幾分鐘，再做幾次深呼吸，每次呼氣與吐氣時，注意全身放鬆的感覺：臉、肩膀、手臂與手，背部、腿到腳趾。在這幾分鐘，只要去感受這種放鬆的感覺。

（較長的停頓）

最後，當你覺得差不多了，最後一次伸展手臂與腿，然後慢慢將眼睛睜開。

注釋

前言

1. Christiane Trottier and Sophie Robitaille, “Fostering Life Skills Development in High School and Community Sport: A Comparative Analysis of the Coach’s Role,” *Sport Psychologist* 28, no. 1 (March 2014): 10–21.
2. Nicholas L. Holt et al., “A Grounded Theory of Positive Youth Development Through Sport Based on Results from a Qualitative Meta-Study,” *International Review of Sport and Exercise Psychology* 10, no.1 (January 2017): 1–49.
3. Aleksandar E. Chinkov and Nicholas L. Holt, “Implicit Transfer of Life Skills Through Participation in Brazilian Jiu-Jitsu,” *Journal of Applied Sport Psychology* 28, no. 2 (2016): 139–53.
4. Girls on the Run, accessed January 6, 2021, girlsontherun.org.
5. Maureen R. Weiss et al., “Evaluating Girls on the Run in Promoting Positive Youth Development: Group Comparisons on Life Skills Transfer and Social Processes,” *Pediatric Exercise Science* 32, no. 3 (July 2020): 1–11.
6. Maureen R. Weiss et al., “Girls on the Run: Impact of a Physical Activity Youth Development Program on Psychosocial and Behavioral Outcomes,” *Pediatric Exercise Science* 31, no. 3 (August 2019): 330–40.
7. Ahead of the Game, accessed January 6, 2021, aheadofthegame.org.au.
8. Stewart A. Vella et al., “Ahead of the Game Protocol: A Multi-Component, Community Sport-Based Program Targeting Prevention, Promotion and Early Intervention for Mental Health Among Adolescent Males,” *BMC Public Health* 18, no. 1 (March 2018): 390.
9. Stewart A. Vella et al., “An Intervention for Mental Health Literacy and Resilience in Organized Sports,” *Medicine and*

Science in Sports and Exercise 53, no. 1 (January 2021): 139–49.

10. "Projects," The SPRINT Project, accessed January 6, 2021, sprintproject.org/projects.
11. Benjamin Parry, Mary Quinton, and Jennifer Cumming, *Mental Skills Training Toolkit: A Resource for Strengths-Based Development* (Birmingham, UK: University of Birmingham, 2020), stbasils.org.uk/wp-content/ uploads/2020/01/MST-toolkit-final.pdf.
12. Sam J. Cooley et al., "The Experiences of Homeless Youth When Using Strengths Profiling to Identify Their Character Strengths," *Frontiers in Psychology* 10 (2019): 2036.

第1章

1. Bernd Heinrich, *Why We Run: A Natural History* (New York: HarperCollins, 2001), 177.
2. Kieran M. Kingston and Lew Hardy, "Effects of Different Types of Goals on Processes That Support Performance," *Sport Psychologist* 11, no. 3 (September 1997): 277–93.
3. Gerard H Seijts, Gary P. Latham, and Meredith Woodwark, "Learning Goals: A Qualitative and Quantitative Review," in *New Developments in Goal Setting and Task Performance*, ed. Edwin A. Locke and Gary P. Latham (New York: Routledge, 2013), 195–12.
4. "Interview with Rory McIlroy - Setting Goals and Maintaining Motivation," Santander UK, video, 5:27, February 7, 2014, youtube.com/watch?v=breTsCJbui8.
5. Noel Brick, Tadhg MacIntyre, and Mark Campbell, "Metacognitive Processes in the Self-Regulation of Performance in Elite Endurance Runners," *Psychology of Sport and Exercise* 19 (July 2015): 1–9.
6. L. Blaine Kyllo and Daniel M. Landers, "Goal Setting in Sport and Exercise: A Research Synthesis to Resolve the Controversy," *Journal of Sport and Exercise Psychology* 17, no. 2 (1995): 117–37.
7. Jennifer Stock and Daniel Cervone, "Proximal Goal-Setting and Self-Regulatory Processes," *Cognitive Therapy and Research* 14, no. 5 (October 1990): 483–98.

8. Ayelet Fishbach, Ravi Dhar, and Ying Zhang, "Subgoals as Substitutes or Complements: The Role of Goal Accessibility," *Journal of Personality and Social Psychology* 91, no. 2 (September 2006): 232–42.
9. "Player Numbers," World Rugby, January 1, 2017, accessed June 1, 2020, world.rugby/development/player-numbers?lang=en.
10. Richie McCaw, *The Real McCaw: The Autobiography* (London: Aurum Press, 2012), 13.
11. Greg Stutchbury, "G.A.B. McCaw Goes Out on Top of the Heap," Reuters, November 18, 2015, reuters.com/article/ uk-rugby-union-mccaw-newsmaker/g-a-b-mccaw-goes-ou t-on-top-of-the-heap-idUKKCN0T805H20151119.
12. Robert Weinberg et al., "Perceived Goal Setting Practices of Olympic Athletes: An Exploratory Investigation," *Sport Psychologist* 14, no. 3 (September 2000): 279–95.
13. Laura Healy, Alison Tincknell-Smith, and Nikos Ntoumanis, "Goal Setting in Sport and Performance," in *Oxford Research Encyclopedia of Psychology* (Oxford: Oxford University Press, 2018), 1–23.
14. Christian Swann et al., "Comparing the Effects of Goal Types in a Walking Session with Healthy Adults: Preliminary Evidence for Open Goals in Physical Activity," *Psychology of Sport and Exercise* 47 (March 2020): 1–10.
15. Rebecca M. Hawkins et al., "The Effects of Goal Types on Psychological Outcomes in Active and Insufficiently Active Adults in a Walking Task: Further Evidence for Open Goals," *Psychology of Sport and Exercise* 48 (May 2020): 101661.
16. Paschal Sheeran and Thomas L. Webb, "The Intention–Behavior Gap," *Social and Personality Psychology Compass* 10, no. 9 (September 2016): 503–18.
17. Peter M. Gollwitzer, "Implementation Intentions: Strong Effects of Simple Plans," *American Psychologist* 54, no. 7 (July 1999): 493–503.
18. Patrick Mahomes, "NFL Draft Cover Letter," *Players' Tribune*, April 27, 2017, theplayerstribune.com/en-us/articles/ patrick-mahomes-ii-texas-tech-nfl-draft-cover-letter.
19. Anja Achtziger, Peter M. Gollwitzer, and Paschal Sheeran, "Implementation Intentions and Shielding Goal Striving from Unwanted Thoughts and Feelings," *Personality and Social Psychology Bulletin* 34, no. 3 (March 2008): 381–93.

20. Bob Bowman with Charles Butler, *The Golden Rules: Finding World-Class Excellence in Your Life and Work* (London: Piatkus, 2016), 188.

21. Peter M. Gollwitzer and Paschal Sheeran, "Implementation Intentions and Goal Achievement: A Meta-Analysis of Effects and Processes," *Advances in Experimental Social Psychology* 38, no. 6 (December 2006): 69–119.

22. Charles Duhigg, *The Power of Habit: Why We Do What We Do in Life and Business* (New York: Random House, 2012), 114.

23. Phillippa Lally and Benjamin Gardner, "Promoting Habit Formation," *Health Psychology Review* 7, supplement 1 (May 2013): S137-S158.

24. Benjamin Gardner, Phillippa Lally, and Amanda L. Rebar, "Does Habit Weaken the Relationship Between Intention and Behaviour? Revisiting the Habit-Intention Interaction Hypothesis," *Social and Personality Psychology Compass* 14, no. 8 (August 2020): e12553.

25. David T. Neal et al., "How Do Habits Guide Behavior? Perceived and Actual Triggers of Habits in Daily Life," *Journal of Experimental Social Psychology* 48, no. 2 (March 2012): 492–98.

26. Jeffrey M. Quinn et al., "Can't Control Yourself? Monitor Those Bad Habits," *Personality and Social Psychology Bulletin* 36, no. 4 (April 2010): 499–511.

27. Phillippa Lally et al., "How Are Habits Formed: Modelling Habit Formation in the Real World," *European Journal of Social Psychology* 40, no. 6 (October 2010): 998–1009.

第2章

1. All Blacks Match Centre, accessed June 1, 2020, stats. allblacks.com.

2. Chris Rattue, "France Pose Absolutely No Threat to the All Blacks," *New Zealand Herald*, October 2, 2007, nzherald.co.nz/sport/ichris-rattuei-france-pose-absolutely-no-threat-to-the-all-blacks. CVUXP4NLMHI6DINQRKFVHMUH6U.

3. Christopher Mesagno and Denise M. Hill, "Definition of Choking in Sport: Re-conceptualization and Debate,"

International Journal of Sport Psychology 44, no. 4 (July 2013): 267–77.

4. Ceri Evans, *Perform Under Pressure: Change the Way You Feel, Think and Act Under Pressure* (London: Thorsons, 2019).
5. Julie K. Norem and Edward C. Chang, "The Positive Psychology of Negative Thinking," *Journal of Clinical Psychology* 58, no. 9 (September 2002): 993–101.
6. James A. Russell, "A Circumplex Model of Affect," *Journal of Personality and Social Psychology* 39, no. 6 (December 1980): 1161–78.
7. Jonathan Posner, James A. Russell, and Bradley S. Peterson, "The Circumplex Model of Affect: An Integrative Approach to Affective Neuroscience, Cognitive Development, and Psychopathology," *Development and Psychopathology* 17, no. 3 (Summer 2005): 715–34.
8. Scott Douglas, *Running Is My Therapy: Relieve Stress and Anxiety, Fight Depression, Ditch Bad Habits, and Live Happier* (New York: The Experiment, 2018).
9. Jared B. Torre and Matthew D. Lieberman, "Putting Feelings into Words: Affect Labeling as Implicit Emotion Regulation," *Emotion Review* 10, no. 2 (March 2018): 116–24.
10. Brian Parkinson and Peter Totterdell, "Classifying Affect-Regulation Strategies," *Cognition and Emotion* 13, no. 3(1999): 277–303.
11. Damian M. Stanley et al., "Emotion Regulation Strategies Used in the Hour Before Running," *International Journal of Sport and Exercise Psychology* 10, no. 3 (April 2012): 159–71.
12. Adam A. Augustine and Scott H. Hemenover, "On the Relative Effectiveness of Affect Regulation Strategies: A Meta-analysis," *Cognition and Emotion* 23, no. 6 (July 2009): 1181–220.
13. Christopher R. D. Wagstaff, "Emotion Regulation and Sport Performance," *Journal of Sport and Exercise Psychology* 36, no. 4 (August 2014): 401–12.
14. Dorota Kobylińska and Petko Kusev, "Flexible Emotion Regulation: How Situational Demands and Individual

Differences Influence the Effectiveness of Regulatory Strategies," *Frontiers in Psychology* 10 (2019): 72.

15. Kevin N. Ochsner and James J. Gross, "Cognitive Emotion Regulation: Insights from Social Cognitive and Affective Neuroscience," *Current Directions in Psychological Science* 17, no. 2 (April 2008): 153–58.

16. Faye F. Didymus and David Fletcher, "Effects of a Cognitive-Behavioral Intervention on Field Hockey Players' Appraisals of Organizational Stressors," *Psychology of Sport and Exercise* 30 (May 2017): 173–85.

17. James J. Gross and Ross A. Thompson, "Emotion Regulation Conceptual Foundations," in *Handbook of Emotion Regulation*, ed. James J. Gross (New York: Guilford Press, 2007), 3–24.

18. Owen Thomas, Ian Maynard, and Sheldon Hanton, "Intervening with Athletes During the Time Leading Up to Competition: Theory to Practice II," *Journal of Applied Sport Psychology* 19, no. 4 (October 2007): 398–418.

19. Brian Costello, "How Stephen Gostkowski Handles His Super Bowl Nerves," *New York Post*, January 31, 2019, nypost.com/2019/01/31/how-stephen-gostkowski-handle s-his-super-bowl-nerves/#.

20. Alison Wood Brooks, "Get Excited: Reappraising Pre-performance Anxiety as Excitement," *Journal of Experimental Psychology: General* 143 no. 3 (June 2014): 1144–58.

21. Philip M. Ullrich and Susan K. Lutgendorf, "Journaling About Stressful Events: Effects of Cognitive Processing and Emotional Expression," *Annals of Behavioral Medicine* 24, no. 3 (Summer 2002): 244–50.

22. Golnaz Tabibnia, "An Affective Neuroscience Model of Boosting Resilience in Adults," *Neuroscience and Biobehavioral Reviews* 115 (August 2020): 321–50.

23. Scott H. Hemenover, "The Good, the Bad, and the Healthy: Impacts of Emotional Disclosure of Trauma on Resilient Self-Concept and Psychological Distress," *Personality and Social Psychology Bulletin* 29, no. 10 (October 2003): 1236–44.

24. Venus Williams and Serena Williams with Hilary Beard, *Venus and Serena: Serving from the Hip* (Boston: Houghton Mifflin, 2005), 114.

25. Howard Fendrich, "'To Everybody, It's My 1st Olympics, but to Me, It's My 1,000th'": Journals Help Shiffrin Prep," *U.S.*

News and World Report, February 17, 2014, usnews.com/news/sports/articles/2014/02/17/us-teen-shiffrins-notes-helped-prep-for-olympics.

26. Paulo S. Boggio et al., "Writing About Gratitude Increases Emotion-Regulation Efficacy," *Journal of Positive Psychology* 15, no. 6 (August 2019): 783–94.
27. Kristine Thomason, "Olympic Sprinter Allyson Felix Shares Her Go-To Core Workout and How She Stays Motivated," *Mind Body Green*, November 26, 2020, mindbodygreen.com/articles/olympic-sprinter-allyson-felix-training-routine.
28. Helene Elliott, "She's Been Tested, and Allyson Felix Is Confident, 'Still Hungry' and 'Very Secure in Who I Am,'" *Los Angeles Times*, March 9, 2020, latimes.com/sports/story/2020-03-09/allyson-felix-track-field-olympics-usc.
29. Sarah Kate McGowan and Evelyn Behar, "A Preliminary Investigation of Stimulus Control Training for Worry: Effects on Anxiety and Insomnia," *Behavior Modification* 37, no. 1 (January 2013): 90–112.
30. Jen Nash, "Stress and Diabetes: The Use of 'Worry Time' as a Way of Managing Stress," *Journal of Diabetes Nursing* 18, no. 8 (2014): 329–33.
31. Karen Haddad and Patsy Tremayne, "The Effects of Centering on the Free-Throw Shooting Performance of Young Athletes," *Sport Psychologist* 23, no. 1 (March 2009): 118–36.
32. Lisa J. Rogerson and Dennis W. Hrycaiko, "Enhancing Competitive Performance of Ice Hockey Goaltenders Using Centering and Self-Talk," *Journal of Applied Sport Psychology* 14 no. 1 (March 2002): 14–26.
33. Maureen R. Weiss et al., "Evaluating Girls on the Run in Promoting Positive Youth Development: Group Comparisons on Life Skills Transfer and Social Processes," *Pediatric Exercise Science* 32, no. 3 (August 2020): 172–82.
34. Laura A. Pawlow and Gary E. Jones, "The Impact of Abbreviated Progressive Muscle Relaxation on Salivary Cortisol," *Biological Psychology* 60 no. 1 (July 2002): 1–16.
35. Martha S. McCallie, Claire M. Blum, and Charlaine J. Hood, "Progressive Muscle Relaxation," *Journal of Human Behavior in the Social Environment* 13, no. 3 (July 2006): 51–66.
36. Richie McCaw, *The Real McCaw: The Autobiography* (London: Aurum Press, 2012), 181–82.

第3章

1. Noel Brick, Tadhg MacIntyre, and Mark Campbell, "Metacognitive Processes in the Self-Regulation of Performance in Elite Endurance Runners," *Psychology of Sport and Exercise* 19 (July 2015): 1–9.
2. William P. Morgan and Michael L. Pollock, "Psychologic Characterization of the Elite Distance Runner," *Annals of the New York Academy of Sciences* 301, no. 1 (October 1977): 382–403.
3. Noel Brick, Tadhg MacIntyre, and Mark Campbell, "Attentional Focus in Endurance Activity: New Paradigms and Future Directions," *International Review of Sport and Exercise Psychology* 7, no. 1 (February 2014): 106–34.
4. Noel Brick et al., "Metacognitive Processes and Attentional Focus in Recreational Endurance Runners," *International Journal of Sport and Exercise Psychology* 18, no. 3 (September 2020): 362–79.
5. Peter Aspinall et al., "The Urban Brain: Analysing Outdoor Physical Activity with Mobile EEG," *British Journal of Sports Medicine* 49, no. 4 (February 2015): 272–76.
6. Gregory N. Bratman et al., "Nature Reduces Rumination and Subgenual Prefrontal Cortex Activation," *Proceedings of the National Academy of Sciences* 112, no. 28 (July 2015): 8567–72.
7. Tadhg E. MacIntyre et al., "An Exploratory Study of Extreme Sport Athletes' Nature Interactions: From Well-Being to Pro-environmental Behavior," *Frontiers in Psychology* 10 (May 2019): 1233.
8. Rick A. LaCaille, Kevin S. Masters, and Edward M. Heath, "Effects of Cognitive Strategy and Exercise Setting on Running Performance, Perceived Exertion, Affect, and Satisfaction," *Psychology of Sport and Exercise* 5, no. 4 (October 2004): 461–76.
9. Charles M. Farmer, Keli A. Braitman, and Adrian K. Lund, "Cell Phone Use While Driving and Attributable Crash Risk," *Traffic Injury Prevention* 11, no. 5 (October 2010): 466–70.
10. Cédric Galéra et al., "Mind Wandering and Driving: Responsibility Case-Control Study," *British Medical Journal* 345, no. 7888 (December 2012): e8105.
11. David Kane, ""'I'm on Cloud 9'—Andreescu Opens Up on Sky-High Confidence, Conquering Doubts with US Open

Crown," *WTA Tour*, September 8, 2019, wtatennis.com/news/1445478/im-on-cloud-9-andreescu-opens-up-on-sky-high-confidence-conquering-doubts-with-us-open-crown.

12. Frank L. Gardner and Zella E. Moore, "A Mindfulness-Acceptance-Commitment-Based Approach to Athletic Performance Enhancement: Theoretical Considerations," *Behavior Therapy* 35, no. 4 (Autumn 2004): 707–23.
13. Emilie Thienot and Danielle Adams, "Mindfulness in Endurance Performance," in *Endurance Performance in Sport: Psychological Theory and Interventions*, ed. Carla Meijen (London: Routledge, 2019), 168–82.
14. Stephanie Livaudais, "'The First Thing I Do Is Meditate': Bianca Andreescu Visualizes Indian Wells Success," March 14, 2019, wtatennis.com/news/1449622/-first-thing-i-do-meditate-bianca-andreescu-visualizes-indian-wells-success.
15. Lori Haase et al., "A Pilot Study Investigating Changes in Neural Processing After Mindfulness Training in Elite Athletes," *Frontiers in Behavioral Neuroscience* 9 (August 2015): 229.
16. Douglas C. Johnson et al., "Modifying Resilience Mechanisms in At-Risk Individuals: A Controlled Study of Mindfulness Training in Marines Preparing for Deployment," *American Journal of Psychiatry* 171, no. 8 (August 2014): 844–53.
17. Michael Noetel et al., "Mindfulness and Acceptance Approaches to Sporting Performance Enhancement: A Systematic Review," *International Review of Sport and Exercise Psychology* 12, no. 3 (November 2017): 1–37.
18. Stuart Cathcart, Matt McGregor, and Emma Groundwater, "Mindfulness and Flow in Elite Athletes," *Journal of Clinical Sport Psychology* 8, no. 2 (January 2014): 119–41.
19. Cian Ahearne, Aidan P. Moran, and Chris Lonsdale, "The Effect of Mindfulness Training on Athletes' Flow: An Initial Investigation," *Sport Psychologist* 25, no. 2 (June 2011): 177–89.
20. "Kobe Bryant Explains 'Being in the Zone,'" You Exist Externally Here, video, 2:38, August 19, 2013, youtube.com/watch?v=wl49zc8g3DY.
21. Mihaly Csikszentmihalyi, *Flow: The Psychology of Optimal Experience*, 2nd ed. (New York: Harper & Row, 2002), 72-93.

22. Jeanne Nakamura and Mihaly Csikszentmihalyi, "The Concept of Flow," in *Handbook of Positive Psychology*, ed. C. R. Snyder and Shane J. Lopez (New York: Oxford University Press, 2002), 89–105.

23. Christian Swann et al., "Psychological States Underlying Excellent Performance in Professional Golfers: 'Letting It Happen' vs. 'Making It Happen,'" *Psychology of Sport and Exercise* 23 (March 2016): 101–13.

24. Christian Swann et al., "Psychological States Underlying Excellent Performance in Sport: Toward an Integrated Model of Flow and Clutch States," *Journal of Applied Sport Psychology* 29, no. 4 (2017): 375–401.

25. Josephine Perry, *Performing Under Pressure: Psychological Strategies for Sporting Success* (London: Routledge, 2020), 135–37.

26. Martin Turner and Jamie Barker, *Tipping the Balance: The Mental Skills Handbook for Athletes* (Oakamoor, UK: Bennion Kearny, 2014), 101–40.

27. Marc V. Jones et al., "A Theory of Challenge and Threat States in Athletes," *International Review of Sport and Exercise Psychology* 2, no. 2 (2009): 161–80.

28. Aidan P. Moran, *The Psychology of Concentration in Sport Performers: A Cognitive Analysis* (East Sussex, UK: Psychology Press, 1996), 149.

29. Stewart Cotterill, "Pre-performance Routines in Sport: Current Understanding and Future Directions," *International Review of Sport and Exercise Psychology* 3, no. 2 (September 2010): 132–53.

30. Glasgow Caledonian University, "Elite Golfers Share Secrets of Success to Help Budding Sports Stars," March 24, 2020, gcu.ac.uk/theuniversity/universitynews/2020-elitegolferssharesecretsofsuccess/.

31. Alex Oliver, Paul J. McCarthy, and Lindsey Burns, "A Grounded-Theory Study of Meta-attention in Golfers," *Sport Psychologist* 34, no. 1 (March 2020): 11–22.

32. Dave Alred, *The Pressure Principle: Handle Stress, Harness Energy, and Perform When It Counts* (London: Penguin Life, 2017), 66-67.

33. Jackie MacMullan, "Rise Above It or Drown: How Elite NBA Athletes Handle Pressure," ESPN, May 29, 2019, espn.

co.uk/nba/story/_/id/26802987/rise-drown-how-elite-nba-athletes-handle-pressure.

第4章

1. Chloe Gray, "Dina Asher-Smith Just Gave Us an Amazing Lesson on How to Be Better Than Ever," accessed July 9, 2020, stylist.co.uk/people/dina-asher-smith-nike-interview-training-plan/350606.
2. Noel Brick et al., "Metacognitive Processes and Attentional Focus in Recreational Endurance Runners," *International Journal of Sport and Exercise Psychology* 18, no. 3 (September 2020): 362–79.
3. Kalina Christoff, Alan Gordon, and Rachelle Smith, "The Role of Spontaneous Thought in Human Cognition," in *Neuroscience of Decision Making*, ed. Oshin Vartanian and David R. Mandel (New York: Psychological Press, 2011), 259–84.
4. "Sports Players Use Self Talk," ThinkSRSD, video, 6:24, September 26, 2017, youtube.com/watch?v=-BKWlMBleYQ.
5. Anthony William Blanchfield et al., "Talking Yourself out of Exhaustion: The Effects of Self-Talk on Endurance Performance," *Medicine and Science in Sports and Exercise* 46, no. 5 (May 2014): 998–1007.
6. Julia Schüler and Thomas A. Langens, "Psychological Crisis in a Marathon and the Buffering Effects of Self-Verbalizations," *Journal of Applied Social Psychology* 37, no. 10 (October 2007): 2319–44.
7. Antonis Hatzigeorgiadis et al., "Self-Talk and Sport Performance: A Meta-analysis," *Perspectives on Psychological Science* 6, no. 4 (July 2011): 348–56.
8. David Tod, James Hardy, and Emily Oliver, "Effects of Self-Talk: A Systematic Review," *Journal of Sport and Exercise Psychology* 33, no. 5 (October 2011): 666–87.
9. Judy L. Van Raalte, Andrew Vincent, and Britton W. Brewer, "Self-Talk: Review and Sport-Specific Model," *Psychology of Sport and Exercise* 22 (January 2016): 139–48.
10. Christopher E. J. DeWolfe, David Scott, and Kenneth A. Seaman, "Embrace the Challenge: Acknowledging a Challenge Following Negative Self-Talk Improves Performance," *Journal of Applied Sport Psychology* (August 2020).

11. "Tommy Haas Talking to Himself," CarstenL01, video, 2:35, December 30, 2008, youtube.com/watch?v=8gQ2NhteF44.

12. James Hardy, Aled V. Thomas, and Anthony W. Blanchfield, "To Me, to You: How You Say Things Matters for Endurance Performance," *Journal of Sports Sciences* 37, no. 18 (September 2019): 2122–30.

13. Thomas L. Webb, Eleanor Miles, and Paschal Sheeran, "Dealing with Feeling: A Meta-analysis of the Effectiveness of Strategies Derived from the Process Model of Emotion Regulation," *Psychological Bulletin* 138, no. 4 (July 2012): 775–808.

14. E. Kross and O. Ayduk, "Self-Distancing: Theory, Research, and Current Directions," in *Advances in Experimental Social Psychology*, ed. James M. Olson, vol. 55 (New York: Elsevier, 2017), 81–136.

15. Ethan Kross et al., "Self-Talk as a Regulatory Mechanism: How You Do It Matters," *Journal of Personality and Social Psychology* 106, no. 2 (February 2014): 304–24.

16. Jon Greenberg, "Exiting via the Low Road," ESPN, July 9, 2010, espn.com/chicago/nba/columns/story?id=5365985.

17. Antonis Hatzigeorgiadis et al., "Self-Talk," in *Routledge Companion to Sport and Exercise Psychology: Global Perspectives and Fundamental Concepts*, ed. Athanasios G. Papaioannou and Dieter Hackfort (London: Taylor and Francis, 2014), 370–83.

18. Alister McCormick and Antonis Hatzigeorgiadis, "Self-Talk and Endurance Performance," in *Endurance Performance in Sport: Psychological Theory and Interventions*, ed. Carla Meijen (London: Routledge, 2019) 152–67.

19. Richard Bennett and Martin Turner, "The Theory and Practice of Rational Emotive Behavior Therapy (REBT)," in *Rational Emotive Behavior Therapy in Sport and Exercise*, ed. Martin Turner and Richard Bennett (London: Routledge, 2020), 4–19

第5章

1. Robin S. Vealey, "Confidence in Sport," in *Handbook of Sports Medicine and Science: Sport Psychology*, ed. Britton W. Brewer (Oxford: Wiley-Blackwell, 2009), 43–52.

2. "'I'm Aware of the Streak, but It Means Nothing,' Says Novak Djokovic Ahead of Dubai Test," *Tennishead*, February 24, 2020, tennishead.net/im-aware-of-the-streak-but-it-means-nothing-says-novak-djokovic-ahead-of-dubai-test/.
3. Albert Bandura, *Social Foundations of Thought and Action: A Social Cognitive Theory* (Englewood Cliffs, NJ: Prentice Hall, 1986).
4. Albert Bandura, "Self-Efficacy: Toward a Unifying Theory of Behavioral Change," *Psychological Review*, 84, no. 2 (March 1977): 191–215.
5. Deborah L. Feltz and Cathy D. Lirgg, "Self-Efficacy Beliefs of Athletes, Teams, and Coaches," in *Handbook of Sport Psychology*, 2nd ed., ed. Robert N. Singer, Heather A. Hausenblas, and Christopher M. Janelle (New York: John Wiley & Sons, 2001), 340–61.
6. Ellen L. Usher and Frank Pajares, "Sources of Self-Efficacy in School: Critical Review of the Literature and Future Directions," *Review of Educational Research* 78, no. 4 (December 2008): 751–96.
7. James E. Maddux, "Self-Efficacy Theory: An Introduction," in *Self-Efficacy, Adaptation, and Adjustment: Theory, Research, and Application*, ed. James E. Maddux (New York: Plenum, 1995), 3–33.
8. Simon Middlemas and Chris Harwood, "A Pre-Match Video Self-Modeling Intervention in Elite Youth Football," *Journal of Applied Sport Psychology* 32, no. 5 (2020): 450–75.
9. Robert S. Vealey et al., "Sources of Sport-Confidence: Conceptualization and Instrument Development," *Journal of Sport and Exercise Psychology* 21, no. 1 (1998): 54–80.
10. Kate Hays et al., "Sources and Types of Confidence Identified by World Class Sport Performers," *Journal of Applied Sport Psychology* 19, no. 4 (October 2007): 434–56.
11. Kieran Kingston, Andrew Lane, and Owen Thomas, "A Temporal Examination of Elite Performers Sources of Sport-Confidence," *Sport Psychologist* 24, no. 3 (2010): 313–32.
12. "Jack Nicklaus Quotes," BrainyQuote, accessed July 10, 2020, brainyquote.com/quotes/jack_nicklaus_159073.
13. Josephine Perry, *Performing Under Pressure: Psychological Strategies for Sporting Success* (London: Routledge, 2020),

179-180.

14. Krista Munroe-Chandler, Craig Hall, and Graham Fishburne, "Playing with Confidence: The Relationship Between Imagery Use and Self-Confidence and Self-Efficacy in Youth Soccer Players," *Journal of Sports Sciences* 26, no. 14 (December 2008): 1539–46.

15. Karen Price, "How Diver Katrina Young and Team USA Athletes Are Still Going In to Practice—Without Actually Going to Practice," *Team USA*, May 20, 2020, teamusa.org/ News/2020/May/20/Diver-Katrina-Young-Team-USA-Athletes-Going-In-To-Practice-Without-Going-To-Practice.

16. Greg Bishop, "How Deontay Wilder Uses Meditation to Visualize His Fights Before They Happen," *Sports Illustrated*, November 21, 2019, si.com/boxing/2019/11/21/deonaty-wilder-luis-ortiz-meditation.

第6章

1. Sharon R. Sears, Annette L. Stanton, and Sharon Danoff-Burg, "The Yellow Brick Road and the Emerald City: Benefit Finding, Positive Reappraisal Coping and Posttraumatic Growth in Women with Early-Stage Breast Cancer," *Health Psychology* 22, no. 5 (September 2003): 487–97.

2. Scott Cresswell and Ken Hodge, "Coping with Stress in Elite Sport: A Qualitative Analysis of Elite Surf Lifesaving Athletes," *New Zealand Journal of Sports Medicine* 29, no. 4 (Summer 2001): 78–83.

3. Anne-Josée Guimond, Hans Ivers, and Josée Savard, "Is Emotion Regulation Associated with Cancer-Related Psychological Symptoms," *Psychology & Health*, 24 no. 1 (January 2019): 44-63.

4. Sam J. Cooley et al., "The Experiences of Homeless Youth When Using Strengths Profiling to Identify Their Character Strengths," *Frontiers in Psychology* 10 (September 2019): 2036.

5. Sunghee Park, David Lavallee, and David Tod, "Athletes' Career Transition Out of Sport: A Systematic Review," *International Review of Sport and Exercise Psychology* 6, no. 1 (January 2012): 22–53.

6. Natalia Stambulova, "Counseling Athletes in Career Transitions: The Five-Step Career Planning Strategy," *Journal of*

Sport Psychology in Action 1, no. 2 (November 2010): 95–105.

7. David Fletcher and Mustafa Sarkar, "Psychological Resilience: A Review and Critique of Definitions, Concepts, and Theory," *European Psychologist* 18, no. 1 (April 2013): 12–23.
8. David Fletcher and Mustafa Sarkar, "Mental Fortitude Training: An Evidence-Based Approach to Developing Psychological Resilience for Sustained Success," *Journal of Sport Psychology in Action* 7, no. 3 (December 2016): 135–57.
9. Christopher Bryan, Deirdre O'Shea, and Tadhg MacIntyre, "Stressing the Relevance of Resilience: A Systematic Review of Resilience Across the Domains of Sport and Work," *International Review of Sport and Exercise Psychology* 12, no. 1 (July 2019): 70–111.
10. David Fletcher and Mustafa Sarkar, "A Grounded Theory of Psychological Resilience in Olympic Champions," *Psychology of Sport and Exercise* 13, no. 5 (September 2012): 669–78.
11. Patrick Fletcher, "Peter Sagan: I Missed My Opportunity at World Championships," *Cycling News*, September 29, 2019, cyclingnews.com/news/peter-sagan-i-missed-my-opportunity-at-world-championships.
12. Jesse Harriott and Joseph R. Ferrari, "Prevalence of Procrastination Among Samples of Adults," *Psychological Reports* 78, no. 2 (April 1996): 611–16.
13. Jay L. Zagorsky, "Why Most of Us Procrastinate in Filing Our Taxes—and Why It Doesn't Make Any Sense," *Conversation*, April 13, 2015, theconversation.com/why-most-of-us-procrastinate-in-filing-our-taxes-and-why-it-doesnt-make-any-sense-39766.
14. Thor Gamst-Klaussen, Piers Steel, and Frode Svartdal, "Procrastination and Personal Finances: Exploring the Roles of Planning and Financial Self-Efficacy," *Frontiers in Psychology* 10 (April 2019): 775.
15. Piers Steel, "The Nature of Procrastination: A Meta-analytic and Theoretical Review of Quintessential Self-Regulatory Failure," *Psychological Bulletin* 133, no. 1 (January 2007), 65–94.
16. Craig Pickering, "The Mundanity of Excellence," HMMR Media, September 4, 2020, http://hmmrmedia.com/2020/09/

the-mundanity-of-excellence.

17. Daniel F. Chambliss, "The Mundanity of Excellence: An Ethnographic Report on Stratification and Olympic Swimmers," *Sociological Theory* 7, no. 1 (Spring 1989): 70–86.

第7章

1. Graham D. Bodie, "A Racing Heart, Rattling Knees, and Ruminative Thoughts: Defining, Explaining, and Treating Public Speaking Anxiety," *Communication Education* 59, no. 1 (January 2010): 70–105.
2. Ewa Mörtberg et al., "Psychometric Properties of the Personal Report of Public Speaking Anxiety (PRPSA) in a Sample of University Students in Sweden," *International Journal of Cognitive Therapy* 11, no. 4 (December 2018), 421–33.
3. Marc Jones et al., "A Theory of Challenge and Threat States in Athletes," *International Review of Sport and Exercise Psychology* 2, no. 2 (September 2019): 161–80.
4. Andrew J. Elliot and Holly A. McGregor, "A 2 × 2 Achievement Goal Framework," *Journal of Personality and Social Psychology* 80, no. 3 (March 2001): 501–19.
5. Bodie, "A Racing Heart, Rattling Knees, and Ruminative Thoughts," *Communication Education*.

第8章

1. YouGov, *New Year Survey: Fieldwork Dates: 8th–11th December 2017*, 2017, d25d2506sfb94s.cloudfront.net/cumulus_uploads/document/366cvmcg44/New%20Year%20Survey,%20December%208%2011,%202017.pdf.
2. Kelsey Mulvey, "80% of New Year's Resolutions Fail by February—Here's How to Keep Yours," *Business Insider*, January 3, 2017, businessinsider.com/new-years-resolutions-courses-2016-12.
3. Sandro Sperandei, Marcelo C. Vieira, and Arianne C. Reis, "Adherence to Physical Activity in an Unsupervised Setting: Explanatory Variables for High Attrition Rates Among Fitness Center Members," *Journal of Science and Medicine in Sport* 19, no. 11 (November 2016): 916–20.

4. "Day in the Life: Simone Biles," *Owaves*, September 15, 2016, owaves.com/day-plans/day-life-simone-biles/.
5. Ralf Brand and Panteleimon Ekkekakis, "Affective-Reflective Theory of Physical Inactivity and Exercise," *German Journal of Exercise and Sport Research* 48, no. 6 (November 2018): 48–58.
6. Steven C. Hayes et al., "Acceptance and Commitment Therapy: Model, Processes and Outcomes," *Behaviour Research and Therapy* 44, no. 1 (January 2016): 1–25.
7. Alex Feary, "Case Study—Acceptance Commitment Therapy for a Youth Athlete: From Rumination and Guilt to Meaning and Purpose," *Sport and Exercise Psychology Review* 14, no. 1 (September 2018): 73–86.
8. Marleen Gillebaart and Denise T. D. de Ridder, "Effortless Self-Control: A Novel Perspective on Response Conflict Strategies in Trait Self-Control," *Social and Personality Psychology Compass* 9, no. 2 (February 2015): 88–99.
9. Wanda Wendel-Vos et al., "Potential Environmental Determinants of Physical Activity in Adults: A Systematic Review," *Obesity Reviews* 8, no. 5 (September 2007): 425–40.
10. Lisa Pridgeon and Sarah Grogan, "Understanding Exercise Adherence and Dropout: An Interpretative Phenomenological Analysis of Men and Women's Accounts of Gym Attendance and Non-attendance," *Qualitative Research in Sport, Exercise and Health* 4, no. 3 (August 2012): 382–99.

第 9 章

1. D. A. Baden et al., "Effect of Anticipation During Unknown or Unexpected Exercise Duration on Rating of Perceived Exertion, Affect, and Physiological Function," *British Journal of Sports Medicine* 39, no. 10 (October 2005): 742–46.
2. Noel E. Brick et al., "Anticipated Task Difficulty Provokes Pace Conservation and Slower Running Performance," *Medicine and Science in Sports and Exercise* 51, no. 4 (April 2019): 734–43.
3. David Fletcher and Mustafa Sarkar, "Mental Fortitude Training: An Evidence-Based Approach to Developing Psychological Resilience for Sustained Success," *Journal of Sport Psychology in Action* 7, no. 3 (December 2016): 135–57.

第10章

1. Meb Keflezighi with Scott Douglas, *Meb for Mortals: How to Run, Think, and Eat Like a Champion Marathoner* (New York: Rodale, 2015), 47.
2. Edward L. Deci and Richard M. Ryan, "*Self-Determination Theory*," in Handbook of Theories of Social Psychology, ed. Paul A. M. Van Lange, Arie W. Kruglanski, and E. Tory Higgins (London: Sage Publications, 2011), 416–36.
3. Kevin Filo, Daniel C. Funk, and Danny O'Brien, "Examining Motivation for Charity Sport Event Participation: A Comparison of Recreation-Based and Charity-Based Motives," *Journal of Leisure Research* 43, no. 4 (December 2011): 491–518.

第11章

1. Nikos Ntoumanis et al., "Self-Regulatory Responses to Unattainable Goals: The Role of Goal Motives," *Self and Identity* 13, no. 5 (September 2014): 594–612.
2. James O. Prochaska et al., "Stages of Change and Decisional Balance for 12 Problem Behaviors," *Health Psychology* 13, no. 1 (January 1994): 39–46.
3. William R. Miller and Gary S. Rose, "Motivational Interviewing and Decisional Balance: Contrasting Responses to Client Ambivalence," *Behavioural and Cognitive Psychotherapy* 43, no. 2 (March 2015): 129–41.
4. Paschal Sheeran and Thomas L. Webb, "The Intention–Behavior Gap," *Social and Personality Psychology Compass* 10, no. 9 (September 2016): 503–18.
5. Gergana Y. Nenkov and Peter M. Gollwitzer, "Pre-Versus Postdecisional Deliberation and Goal Commitment: The Positive Effects of Defensiveness," *Journal of Experimental Social Psychology* 48, no. 1 (January 2012): 106–121.

第12章

1. Charles S. Carver, "Pleasure as a Sign You Can Attend to Something Else: Placing Positive Feelings within a General Model of Affect," *Cognition and Emotion* 17, no. 2 (March 2003): 241–61.

2. Carver, "Pleasure as a Sign You Can Attend to Something Else," *Cognition and Emotion*.

附錄 1

1. Richard J. Butler and Lew Hardy, "The Performance Profile: Theory and Application," *Sport Psychologist* 6, no. 3 (September 1992): 253–64.
2. Neil Weston, Iain Greenlees, and Richard Thelwell, "A Review of Butler and Hardy's (1992) Performance Profiling Procedure Within Sport," *International Review of Sport and Exercise Psychology* 6, no. 1 (January 2013): 1–21.
3. Neil J. V. Weston, Iain A. Greenlees, and Richard C. Thelwell, "Athlete Perceptions of the Impacts of Performance Profiling," *International Journal of Sport and Exercise Psychology* 9, no. 2 (June 2011): 173–88.
4. Graham Jones, "The Role of Performance Profiling in Cognitive Behavioral Interventions in Sport," *Sport Psychologist* 7, no. 2 (June 1993): 160–72.
5. Daniel Gould and Ian Maynard, "Psychological Preparation for the Olympic Games," *Journal of Sports Sciences* 27, no. 13 (September 2009): 1393–408.
6. Nicola S. Schutte and John M. Malouff, "The Impact of Signature Strengths Interventions: A Meta-analysis," *Journal of Happiness Studies* 20, no. 4 (April 2019): 1179–96.

國家圖書館出版品預行編目 (CIP) 資料

像頂尖運動員一樣思考：鍛鍊五大心理工具，克服各種挑戰，發揮最佳表現 / 諾爾．布里克 (Noel Brick), 史考特．道格拉斯 (Scott Douglas) 著；陳冠吟譯 . -- 初版 . -- 臺北市：遠流出版事業股份有限公司，2022.10
面；　公分
譯自：The genius of athletes : what world-class competitors know that can change your life
ISBN 978-957-32-9709-3(平裝)

1.CST: 成功法 2.CST: 自我實現

177.2　　111012337

像頂尖運動員一樣思考：

鍛鍊五大心理工具，克服各種挑戰，發揮最佳表現

作　　者　諾爾．布里克、史考特．道格拉斯
翻　　譯　陳冠吟
主　　編　周明怡
封面設計　張巖
內頁排版　菩薩蠻電腦科技有限公司

發 行 人　王榮文
出版發行　遠流出版事業股份有限公司
104005 台北市中山北路一段 11 號 13 樓
郵撥 0189456-1
電話（02）2571-0297
傳真（02）2571-0197
著作權顧問　蕭雄淋律師

定　　價　新臺幣 380 元
初版一刷　2022 年 10 月 1 日

遠流博識網　www.ylib.com　E-mail: ylib@ylib.com
遠流粉絲團　www.facebook.com/ylibfans